國家珍貴古籍叢刊

宋本南華真經

二

（晋）郭象注

國家圖書館出版社

第二册目録

刻意

守純素

南華眞經卷第六

莊子外篇刻意第十五　郭象注

刻意尚行離世異俗高論怨誹爲亢而已矣此山谷之士非世之人枯槁赴淵者之所好也語仁義忠信恭儉推讓爲脩而已矣此平世之士教誨之人遊居學者之所好也語大功立大名禮君臣正上下爲治而已矣此朝廷之士尊主強國之人致功并兼者之所好也就藪澤處閒曠釣魚閒處无爲而已矣此江

海之士避世之人閒暇者之所好也吹呴呼吸吐故納新熊經鳥申爲壽而已矣此導引之士養形之人彭祖壽考者之所好也此數子者所好不同恣其所好各之其方亦所以爲逍遥也然此僅各自得焉能靡所不樹哉若夫使萬物各得其分而不自失者故當付之无所執爲也若夫不刻意而高无仁義而脩无功名而治无江海而閒不導引而壽所謂自然无不忘也无不有也忘故能有若有之則不能救其忘矣故有者非有之而有也忘而有之也澹然无極而衆美從之若厲己以爲之則不能无極而衆惡生此天地之道聖人之德也不爲萬物而萬物自生者天地也不爲百行而百行自成者聖人也故曰夫恬惔寂漠虚无无爲此天

張本聖人休焉休則平矣

地之平而道德之質也非夫寂漠无爲也則危其平而喪其質也故曰聖人休休焉則平易矣休乎恬惔寂漠息乎虛无无爲則雖歷乎阻險之變常平夷而无難平易則恬惔矣患難生於有爲有爲亦生於患難故平易恬惔交相成也平易恬惔則憂患不能入邪氣不能襲泯然與正理俱往故其德全而神不虧夫不平不惔者豈唯傷其形哉神德並喪於內也故曰聖人之生也天行任自然而運動其死也物化蛻然无所係靜而與陰同德動而與陽同波動靜无心而付之陰陽也不爲福先不爲禍始感而後應无所唱也迫而後動會至乃動不得已而後起任理而起吾不得已也去知與故循天之理天理自然知故无爲乎其間故无天災災生於違天

无物累（累生於遊物）无人非（與人同者衆必是焉）无鬼責（同於自得故无責）其生若浮其死若休（汎然无所惜也）不思慮（付之天理）不豫謀（理至而應）光矣而不耀（用天下之自光非吾耀也）信矣而不期（用天下之自信非吾期也）其寢不夢其覺无憂其神純粹（一无所欲）其魂不罷（有欲乃疲）虛无恬惔乃合天德（乃與天地合其恬惔之德也）故曰悲樂者德之邪喜怒者道之過好惡者德之失故心不憂樂德之至也（至德常適故情无所槩）一而不變靜之至也（靜而一者不可變也）无所於忤虛之至也（其心豁然確盡乃无纖介之違）不與物交惔之至也（物自來耳至惔者无交物之情）无所於逆粹之至也

若雜乎濁欲則有所不順故曰形勞而不休則弊精用而不已則勞勞則竭物皆有當不可失也水之性不雜則清莫動則平鬱閉而不流亦不能清天德之象也象天德者无心而皆會也故曰純粹而不雜无非至當之事也靜一而不變常在當上住淡而无爲與會俱而已矣動而以天行若夫逐欲而動人行也此養神之道也夫有干越之劍者柙而藏之不敢用也寶之至也況敢輕用其神乎精神四達並流无所不極上際於天下蟠於地夫體天地之極應萬物之數以爲精神者故若是矣若是而有落天地之功者任天行耳非輕用也化育萬物不可爲象所育无方其名爲同

帝（同天帝之不爲）純素之道唯神是守守而勿失與神爲一（常以純素守乎至寂而不蕩於外則冥也）一之精通合于天倫（精者物之眞也）野語有之曰衆人重利廉士重名賢士尚志聖人貴精（與神爲一非守神也不遠其精非貴精也然其迹則貴守之也）故素也者謂其无所與雜也純也者謂其不虧其神也（苟以不虧爲純則雖百行同舉萬變參備乃至純也苟以不雜爲素則雖龍章鳳姿倩乎有非常之觀乃至素也若不能保其自然之質而雜乎外飾則雖犬羊之鞹庸得謂之純素哉）能體純素謂之眞人

繕性

張本無下一俗字

恬智相養

莊子外篇繕性第十六　郭象注

繕性於俗俗學以求復其初（已治性於俗矣而欲以俗學復性命之本）

所以求者愈非其道也滑欲於俗思以求致其明已亂其心於欲而方復役思以求明思之愈精失之愈遠謂之蔽蒙之民若夫發蒙者必離俗去欲而後幾焉古之治道者以恬養知恬靜而後知不蕩知不蕩而性不失也生而无以知爲也謂之以知養恬夫无以知爲而任其自知則雖知周萬物而恬然自得也知與恬交相養而和理出其性知而非爲則无害於恬恬而自爲則无傷於知斯可謂交相養矣二者交相養則和理之分豈出他哉夫德和也道理也和故无不得道故无不理德无不容仁也无不容者非爲仁也而仁迹行焉道无不理義也无不理者非爲義也而義功著焉義明而物親忠也若夫義明而不由忠則物愈疏中純實而反乎情樂也仁義發中而還任本懷則志得矣志得矣其迹則樂也信行容體而順乎文禮也信行容體而順乎自

徧 江南作偏

得張本作應

然之節文者其迹則禮也禮樂徧行則天下亂矣以一體之所履一志之所樂行之天下則一方得而萬方失也彼正而蒙己德德則不冒冒則物必失其性也各正性命而自蒙己德則不以此冒彼也若以此冒彼安得不失其性哉古之人在混芒之中與一世而得澹漠焉當是時也陰陽和靜鬼神不擾四時得節萬物不傷羣生不夭人雖有知无所用之任其自然而已此之謂至一當是時也莫之爲而常自然物皆自然故至一也逮德下衰夫德之所以下衰者由聖人不繼世則在上者不能无爲而羨无爲之迹故致斯弊也及燧人伏戲始爲天下是故順而不一世已失一或不可解故釋而不推順之而已德又下衰及神

澆古堯反

農黃帝始爲天下是故安而不順 安之於其所安而已 德又下衰及唐虞始爲天下興治化之流澆淳散朴 聖人无心任世之自成成之淳薄皆非聖也聖能任世之自得耳豈能使世得聖哉故皇王之迹與世俱遷而聖人之道未始不全也 離道以善 善者過於適之稱故有善而道不全 險德以行 行者違性而行之故行立而德不夷 然後去性而從於心 以心自役則性去也 與心識 彼我之心競爲先識无復任性也 知而不足以定天下 忘知任性斯乃定也 然後附之以文益之以博文滅質愽溺心 文博者心質之飾也 然後民始惑亂无以反其性情而復其初 初謂性命之本 由是觀之世喪道矣道喪世矣世與道交相喪也 夫道以不貴故能存世然世存

則貴之貴之道斯喪矣道不能使世不貴而世亦不能不貴於道故交相喪也道之人何由興乎世世亦何由興乎道哉若不貴乃交相興也道无以興乎世世无以興乎道雖聖人不在山林之中其德隱矣今所以不隱由其有情以興也何由而興由无貴也隱故不自隱若夫自隱而用物則道世交相興矣何隱之有哉古之所謂隱士者非伏其身而弗見也非閉其言而不出也非藏其知而不發也時命大謬也莫知反一以息迹而逐迹以求一愈得迹愈失斯大謬矣雖復起身以明之開言以出之顯知以發之何由而交興哉祇所以交喪也當時命而大行乎天下此澹漠之時也則反一无迹反任物性而物性自一故无迹不當時命而大窮乎天下此不能澹漠之時也則深根寧

張本有之有二字

極而待【雖存事之世而聖人未始不澹漠也故深根寧極而待其自爲耳斯道之所以不喪也】此存身之道也【未有身存而世不與者也】古之行身者不以辯飾知【任其真知而已】不以知窮天下【此澹泊之情也】不以知窮德【守其自得而已】危然處其所而反其性已又何爲哉【危然獨正之貌】道固不小行【遊於坦塗】德固不小識【塊然大通】小識傷德小行傷道故曰正己而已矣樂全之謂得志【自得其志獨夷其心而无哀樂之情斯樂之全者也】古之所謂得志者非軒冕之謂也謂其无以益其樂而已矣【全其内而足】今之所謂得志者軒冕之謂也軒冕在身非性命也物之儻

秋水

存大

來寄也寄之其來不可圉其去不可止在外物耳得失之非我也故不爲軒冕肆志淡然自若不覺寄之在身不爲窮約趨俗曠然自得不覺窮之在身其樂彼與此同彼此謂軒冕與窮約故无憂而已矣亦无欣歡之喜也今寄去則不樂由是觀之雖樂未嘗不荒也夫寄去則不樂者寄來則荒矣斯以外易內也故曰喪已於物失性於俗者謂之倒置之民營外虧內其置倒也

莊子外篇秋水第十七　郭象注

秋水時至百川灌河涇流之大兩涘渚涯之間不辯牛馬言其廣也於是焉河伯欣然

望本作盳莫剛反又音旁又音望盳洋猶望羊仰視貌

自喜以天下之美爲盡在已順流而東行至於北海東面而視不見水端於是焉河伯始旋其面目望洋向若而歎曰野語有之曰聞道百以爲莫已若者我之謂也且夫我嘗聞少仲尼之聞而輕伯夷之義者始吾弗信今我睹子之難窮也吾非至於子之門則殆矣吾長見笑於大方之家知其小而不能自大則理分有素跂尚之情无爲乎其間北海若曰井蛙不可以語於海者拘於墟也夏蟲不可以語於冰者篤於時也曲士不

可以語於道者束於教也（夫物之所生而安者趣各有極）今爾出於涯涘觀於大海乃知爾醜爾將可與語大理矣（以其知分故可與言理也）天下之水莫大於海萬川歸之不知何時止而不盈尾閭泄之不知何時已而不虚春秋不變水旱不知此其過江河之流不可爲量數而吾未嘗以此自多者自以比形於天地而受氣於陰陽吾在天地之間猶小石小木之在大山也方存乎見少又奚以自多（窮百川之量而縣於河河縣於海海縣於天地則各有量也此發辭氣者有似乎觀大可以明小尋其意則不然夫世之所患

礨力罪反

江南作五常之所運

者不爽也故體大者快然謂小者爲无餘質小者塊然謂大者爲至足是以上下夸跂俯仰自失此乃生民之所惑也惑者求正正之者莫若先極其差而因其所謂所謂大者至足也故秋豪无以累乎天地矣所謂小者无餘也故天地无以過乎秋豪矣然後惑者有由而反各知其極物安其分逍遥者用其本步而遊乎自得之場矣此莊子之所以發德音也若如惑者之説轉以小大相傾則相傾者无窮矣若夫覩大而不安其小視小而自以爲多將奔馳於勝負之境而助天民之矜夸豈達乎莊生之旨哉計四海之在天地之間也不似礨空之在大澤乎計中國之在海内不似稊米之在大倉乎號物之數爲之萬人處一焉人卒九州穀食之所生舟車之所通人處一焉此其比萬物也不似豪末之在於馬體乎小大之辯各有階級不可相跂五帝之所連三王之所爭仁人之所憂任士之

掇 丁劣反

所勞盡此矣（不出乎一域）伯夷辭之以爲名仲尼語之以爲博此其自多也不似爾向之自多於水乎（物有定域雖至知不能出焉故起大小之差將以申明至理之无辯也）河伯曰然則吾大天地而小豪末可乎北海若曰否夫物量无窮（物物各有量）時无止（死與生皆時行）分无常（得與失皆分）終始无故（日新也）是故大知觀於遠近故小而不寡（各自足也）大而不多（亦无餘也）知量无窮（攬而觀之知遠近大小之物各有量）證曏今故（曏明也今故猶古今）故遙而不悶（遙長也）掇而不跂（掇猶短也）知時无止（證明古今知變化之不止於死生也故不以長而悒悶短故爲跂也）察乎盈虛故得而不喜失而

倪五佳反又音詣又五米反

不憂知分之无常也察其一盈一虛則知分之不常於得也故能忘其憂喜明乎坦塗死生者日新之正道故生而不悅死而不禍知終始之不可故也明終始之日新也則知故之不可執而留矣是以涉日新而不愕舍故而不驚死生之化若一計人之所知不若其所不知所知各有限也其生之時不若未生之時生時各有年也以其至小求窮其至大之域是故迷亂而不能自得也莫若安於所受之分而已由此觀之又何以知豪末之足以定至細之倪又何以知天地之足以窮至大之域以小求大理終不得各安其分則大小俱足矣若豪末不求天地之功則周身之餘皆爲棄物天地不見大於秋豪則顧其形象裁自足耳將何以知細之定細大之定大也河伯曰世之議

垺普回反
張有耳字

者皆曰至精无形至大不可圍是信情乎北海若曰夫自細視大者不盡自大視細者不明目之所見有常極不能无窮也故於大則有所不盡於細則有所不明直是目之所不逮耳精與大皆非无也庸詎知无形而不可圍者哉夫精小之微也垺大之殷也故異便大小異故所便不得同此勢之有也若无形而不可圍則无此異便之勢也夫精粗者期於有形者也有精粗矣故不得无形无形者數之所不能分也不可圍者數之所不能窮也可以言論者物之粗也可以意致者物之精也言之所不能論意之所不能察致者不期精粗焉唯无而已何精粗之有哉夫言意者有也

張有之徒也三字

（而所言所意者无也故求之於言意之表而入乎无言无意之域而後至焉）是故大人之行不出乎害人（大人者无意而任天行也舉足而投諸吉地豈出害人之塗哉）不多仁恩（无害而不自多其恩）動不爲利（應理而動而理自无害）不賤門隸（任其所能而位當於斯耳非由賤之故措之斯職）貨財弗爭（各使分定）不多辭讓（適中而已）事焉不借人（各使自任）不多食乎力（足而已）不賤貪汙（理自无欲）行殊乎俗（已獨无可无不可所以與俗殊）不多辟異（任理而自殊）爲在從衆（從衆之所爲）不賤佞諂（自然正直）世之爵祿不足以爲勸戮恥不足以爲辱（外事不棲於心）知是非之不可爲分細大之不可爲倪（故玄同也）聞曰道人不聞（任物而物性自通則功名歸物矣故不聞）至德不得（得者生於失也物各无失則得名去也）

大人无已(任物而已)約分之至也(約之以至其分故冝其也夫唯極乎无形而不可圍者
為然)河伯曰若物之外若物之内惡至而
倪貴賤惡至而倪小大北海若曰以道
觀之物无貴賤(各自足也)以物觀之自貴而相
賤(此區區者乃道之所錯綜而齊之也)以俗觀之貴賤不在已(斯所謂倒
置也)以差觀之因其所大而大之則萬物
莫不大因其所小而小之則萬物莫不
小知天地之為稊米也知豪末之為丘
山也則差數覩矣(所大者足也所小者无餘也故因其性足以名大則豪末丘山不得異其名因其无
餘以稱小則天地稊米无所殊其稱若夫覩差而不由斯道則差數相加幾微相傾不可勝察也)以功觀之因

其所有而有之則萬物莫不有因其所无而无之則萬物莫不无知東西之相反而不可以相无則功分定矣

天下莫不相與為彼我而彼我皆欲自為斯東西之相反也然彼我相與為脣齒脣齒者未嘗相為而脣亡則齒寒故彼之自為濟我之功弘矣斯相反而不可以相无者也故因其自為而无其功則天下之功莫不皆无矣因其不可相无而有其功則天下之功莫不皆有矣若乃忘其自為之功而思夫相為之惠惠之愈勤而偽薄滋甚天下失業而情性瀾漫矣故其功分无時可定也

以趣觀之因其所然而然之則萬物莫不然因其所非而非之則萬物莫不非知堯桀之自然而相非則趣操觀矣

物皆自然故无不然物皆相非故无不非无不非則无然矣无不然則无非矣无然无非者堯也有然有非者桀也然此二君各受天素不能相為故因堯桀以觀天下之趣操其不能相為也可見矣

昔者堯舜讓而帝之

梁麗 禮一音曰如字司馬云梁麗小船也崔云屋棟也

狌 姓又音生

噲讓而絕湯武爭而王白公爭而滅夫順天應人而受天下者其迹則爭讓之迹也尋其迹者失其所以迹矣故絕滅也由此觀之爭讓之禮堯桀之行貴賤有時未可以爲常也梁麗可以衝城而不可以窒穴言殊器也騏驥驊騮一日而馳千里捕鼠不如狸狌言殊技也鴟鵂夜撮蚤察毫末晝出瞋目而不見丘山言殊性也就其殊而任之則萬物莫不當也故曰蓋師是而无非師治而无亂乎是未明天地之理萬物之情者也夫天地之理萬物之情以得我爲是失我爲非適性爲治失和爲亂然物无定極我无常適殊性異便是非无主若以我之所是則彼不得非此知我而不見彼者耳故以道觀者於是非无

當也付之天均恣之兩行則殊方異類同焉皆得也是猶師天而无地師陰而无陽其不可行明矣然且語而不舍非愚則誣也天地陰陽對生也是非治亂互有也將奚去哉帝王殊禪三代殊繼差其時逆其俗者謂之簒夫當其時順其俗者謂之義之徒默默乎河伯汝惡知貴賤之門小大之家俗之所貴有時而賤物之所大世或小之故順物之迹不得不殊斯五帝三王之所以不同也河伯曰然則我何爲乎何不爲乎吾辭受趣舍吾終奈何北海若曰以道觀之何貴何賤是謂反衍貴賤之道反覆相尋无拘而志與道大蹇自拘執則不夷於道何少何多是

謂謝施（隨其分故所施无常）无一而行與道參差（不能隨變則不齊於道）嚴乎若國之有君其无私德（公當而已）繇繇乎若祭之有社其无私福（天下之所同求）汎汎乎其若四方之无窮其无所畛域（汎汎然无所在）兼懷萬物其孰承翼（掩御羣生反之分内而平往者也豈扶踈而承翼哉）是謂无方（无方故能以萬物爲方）萬物一齊孰短孰長（莫不皆足）道无終始物有死生（死生者无窮之一變耳非終始也）不恃其成（成无常處）一虛一滿不位乎其形（不以形爲位而守之不變）年不可舉（欲舉之令去而不能）時不可止（欲止之使停又不可）消息盈虛終則有始（變化日新未甞守故）是所以語大義之方論萬物

之理也物之生也若驟若馳但當就用耳无動
而不變无時而不移故不可執而守何爲乎何不
爲乎夫固將自化若有爲不爲於其間則敗其自化矣河伯曰然
則何貴於道邪以其自化北海若曰知道者必
達於理達於理者必明於權明於權者
不以物害已知道者知其无能也无能也則何能生我我自然而生耳而四支百體五藏精神已不爲而自成矣又何
有意乎生成之後哉達乎斯理者必能遣過分之知遣益生之情而乗變應權故不以外傷内不以物害已而常全也至德者
火弗能熱水弗能溺寒暑弗能害禽獸
弗能賊夫心之所安則危不能危意无不適故若不能若也非謂其薄之也雖心所安
亦不使犯之言察乎安危知其不可逃也寧於禍福安乎命之所遇

天　江南作乎
蹢　丈益反
躅　丈録反

謹於去就（審去就之非已）莫之能害也（不以害爲害故莫之能害）故曰天在內人在外（天然在內而天然之所順者在外故大宗師曰知天人之所爲者至矣明內外之分皆非爲也）德在乎天（恣人任知則流蕩失素也）知天人之行本乎天位乎得（此天然之知自行而不出乎分者也故雖行於外而常本乎天而位乎得矣）蹢躅而屈伸（與機會相應者有斯變也）反要而語極（知雖落天地事雖接萬物而常不失其要極故天人之道全也）曰何謂天何謂人北海若曰牛馬四足是謂天落馬首穿牛鼻是謂人（人之生也可不服牛乘馬乎服牛乘馬可不穿落之乎牛馬不辭穿落者天命之固當也苟當乎天命則雖寄之人事而本在乎天也）故曰无以人滅天（穿落之可也若乃走作過分驅步失節則天理滅矣）无以故滅命（不因其自爲而故爲之者命其安在乎）无以得殉名（所得有常分殉名則過也）謹守而勿失

蚿音賢

跉勑甚反
踔勑角反
噴普悶反

是謂反其眞（眞在性分之内）夔憐蚿蚿憐蛇蛇憐風風憐目目憐心夔謂蚿曰吾以一足跉踔而行予无如矣今子之使萬足獨奈何蚿曰不然子不見夫唾者乎噴則大者如珠小者如霧雜而下者不可勝數也今予動吾天機而不知其所以然蚿謂蛇曰吾以衆足行而不及子之无足何也蛇曰夫天機之所動何可易邪吾安用足哉（物之生也非知生而生也則生之行也豈知行而行哉故足不知所以行目不知所以見心不知所以知俛然而自得矣遲速之節聰明之鑒或能或否皆非我也而或者因欲有其身而矜其能所以逆其天機而傷其神器也至人知天機之不可易也故捐聰明）

混小大於一歸之於自然

鰌音秋藉也䟽作蹴子六反

棄知慮魄然忘其爲而任其自動故萬物无動而不逍遙也蛇謂風曰予動吾脊脅而行則有似也今子蓬蓬然起於北海蓬蓬然入於南海而似无有何也風曰然予蓬蓬然起於北海而入於南海也然而指我則勝我鰌我亦勝我雖然夫折大木蜚大屋者唯我能也故以衆小不勝爲大勝也爲大勝者唯聖人能之恣其天機无所與爭斯小不勝者也然乘萬物御羣材之所爲使羣材各自得萬物各自爲則天下莫不逍遙矣此乃聖人所以爲大勝也

孔子遊於匡宋人圍之數匝而弦歌不輟子路入見曰何夫子之娱也孔子曰來

張有之時二字

吾語汝我諱窮久矣而不免命也求通久矣而不得時也將明時命之固當故寄之求諱當堯舜而天下无窮人非知得也當桀紂而天下无通人非知失也時勢適然无爲勞心於窮通之間夫水行不避蛟龍者漁父之勇也陸行不避兕虎者獵夫之勇也白刃交於前視死若生者烈士之勇也情各有所安知窮之有命知通之有時臨大難而不懼者聖人之勇也聖人則无所不安由處矣吾命有所制矣命非己制故无所用其心也夫安於命者无往而非逍遥矣故雖匡陳姜里无異於紫極閒堂也无幾何將甲者進

幽見

小不足以知大猶河伯之於北海若也

埳 坎

跳 條

辭曰以爲陽虎也故圍之今非也請辭
而退公孫龍問於魏牟曰龍少學先王
之道長而明仁義之行合同異離堅白
然不然可不可困百家之知窮衆口之
辯吾自以爲至達已今吾聞莊子之言
汒焉異之不知論之不及與知之弗若
與今吾无所開吾喙敢問其方公子牟
隱机大息仰天而笑曰子獨不聞夫埳
井之蛙乎謂東海之鼈曰吾樂與吾跳
梁乎井幹之上入休乎缺甃之崖赴水

還旋
虷寒

頃久早晚也

則接掖持頤蹶泥則沒足滅跗還虷蟹與科斗莫吾能若也且夫擅一壑之水而跨跱埳井之樂此亦至矣夫子奚不時來入觀乎（此猶小鳥之自足於蓬蒿）東海之鼈左足未入而右膝已縶矣（明大之不游於小非樂然）於是逡巡而却告之海曰夫千里之遠不足以舉其大千仞之高不足以極其深禹之時十年九潦而水弗爲加益湯之時八年七旱而崖不爲加損夫不爲頃久推移不以多少進退者此亦東海之大樂也於

蚷渠

跐此又時紫反又側買反

玄冥妙本也大通應適也

是埳井之蛙聞之適適然驚規規然自

失也以小羡大故自失且夫知不知是非之境而猶

欲觀於莊子之言是猶使蚉負山商蚷

馳河也必不勝任矣物各有分不可強相希放且夫知不

知論極妙之言而自適一時之利者是

非埳井之蛙與且彼方跐黄泉而登大

皇无南无北奭然四解淪於不測无東

无西始於玄冥反於大通言其无不至也子乃規

規然而求之以察索之以辯夫遊无窮者非察辯所得是

直用管闚天用錐指地也不亦小乎子

呿起據反又音祛又巨劫反

養形忘累

往矣非其任者去之可也且子獨不聞夫壽陵餘子之學行於邯鄲與未得國能又失其故行矣直匍匐而歸耳以此效彼兩失之今子不去將忘子之故失子之業公孫龍口呿而不合舌舉而不下乃逸而走

莊子釣於濮水楚王使大夫二人往先焉曰願以境內累矣莊子持竿不顧曰吾聞楚有神龜死已三千歲矣王巾笥而藏之廟堂之上此龜者寧其死爲留骨而貴乎寧其生而曳尾於塗中乎二大夫曰寧生而

糠粃爵祿

嚇許嫁反

儵條又直留反又音由

樂全

曳尾塗中莊子曰往矣吾將曳尾於塗
中性各有所安也惠子相梁莊子往見之或謂惠
子曰莊子來欲代子相於是惠子恐搜
於國中三日三夜揚兵整旅莊子往見之曰南
方有鳥其名鵷鶵子知之乎夫鵷鶵發
於南海而飛於北海非梧桐不止非練
實不食非醴泉不飲於是鴟得腐鼠鵷
鶵過之仰而視之曰嚇今子欲以子之
梁國而嚇我邪言物嗜好不同願各有極莊子與惠子遊
於濠梁之上莊子曰儵魚出游從容是

至樂　張本有且字

魚樂也惠子曰子非魚安知魚之樂莊子曰子非我安知我不知魚之樂欲以起明相非而不可以相知之義耳子非我尚可以知我之非魚則我非魚亦可以知魚之樂也惠子曰我非子固不知子矣子固非魚也子之不知魚之樂全矣舍其本言而給辯以難也莊子曰請循其本子曰汝安知魚樂云者既已知吾知之而問我我知之濠上也尋惠子之本言云非魚則无緣相知耳今子非我也而云汝安知魚樂者是知我之非魚也茍知我之非魚則凡相知者果可以此知彼不待是魚然後知魚也故循子安知之云已知吾之所知矣而方復問我我正知之於濠上耳豈待入水哉夫物之所生而安者天地不能易其處陰陽不能回其業故以陸生之所安知水生之所樂未足稱妙耳

莊子外篇至樂第十八　郭象注

至樂無爲

天下有至樂无有哉有可以活身者无有哉（忘歡而後樂足樂足而後身存將以爲有樂邪而至樂无歡將以爲无樂邪而身以存而无憂）今奚爲奚據奚避奚處奚就奚去奚樂奚惡（擇此八者莫足以活身唯无擇而任其所遇乃全耳）夫天下之所尊者富貴壽善也所樂者身安厚味美服好色音聲也所下者貧賤夭惡也所苦者身不得安逸口不得厚味形不得美服目不得好色耳不得音聲若不得者則大憂以懼其爲形也亦愚哉（凡此失之无傷於形而得之有損於性今反以不得爲憂故愚）夫富者苦身疾作多積財而不得盡用其爲形

惽　昏又音門

蹲　七旬反又音存

也亦外矣（内其形者知足而已）夫貴者夜以繼日思慮善否其爲形也亦疏矣（故親其形者自得於身中而已）人之生也與憂俱生壽者惽惽久憂不死何之苦也其爲形也亦遠矣（夫遺生然後能忘憂忘憂而後生可樂生可樂而後形是我有富是我物貴是我榮也）列士爲天下見善矣未足以活身吾未知善之誠善邪誠不善邪若以爲善矣不足活身以爲不善矣足以活人（善則過當故不周濟）故曰忠諫不聽蹲循勿爭（唯中庸之德爲然）故夫子胥爭之以殘其形不爭名亦不成誠有善无有哉（故當緣督以爲經也）令俗之所爲與

江南本作吾以无爲而成者爲樂矣

其所樂吾又未知樂之果樂邪果不樂邪吾觀夫俗之所樂舉羣趣者誙誙然如將不得已舉羣趣其所樂乃不避死也而皆曰樂者吾未之樂也亦未之不樂也无懷而恣物耳果有樂无有哉吾以无爲誠樂矣夫无爲之樂无憂而已又俗之所大苦也故曰至樂无樂至譽无譽俗以鏗鎗爲樂美善爲譽天下是非果未可定也雖然无爲可以定是非我无爲而任天下之是非是非者各自任則定矣至樂活身唯无爲幾存百姓定則吾身近乎存也請嘗試言之天无爲以之清地无爲以之寧皆自清寧耳非爲之所得故兩无

江南有生字

爲相合萬物皆化不爲而自合故皆化若有意乎爲之則有時而滯也芒乎芴乎而无從出乎皆自出耳未有爲而出之也芴乎芒乎而无有象乎无有爲之象萬物職職皆從无爲殖皆自殖耳故曰天地无爲也而无不爲也若有爲則有不濟也人也孰能得无爲哉得无爲則无樂而樂至矣莊子妻死惠子弔之莊子則方箕踞鼓盆而歌惠子曰與人居長子老身死不哭亦足矣又鼓盆而歌不亦甚乎莊子曰不然是其始死也我獨何能无槩然察其始而本无生非徒无生也而本无形非徒无形

芴 忽

噭古弔反
滑骨
化空
蹷紀衛反

也而本无氣雜乎芒芴之閒變而有氣氣變而有形形變而有生今又變而之死是相與爲春秋冬夏四時行也人且偃然寢於巨室而我噭噭然隨而哭之自以爲不通乎命故止也未明而槩已達而止斯所以誨有情者將令推至理以遺累也支離叔與滑介叔觀於冥伯之丘崐崘之虛黄帝之所休俄而柳生其左肘其意蹷蹷然惡之支離叔曰子惡之乎滑介叔曰亡予何惡生者假借也假之而生生者塵垢也死生爲晝夜且吾與

兩誤

髐 苦堯反又許堯反又呼交反

張本有向字

子觀化而化及我我又何惡焉斯皆先示有情然後尋至理以遣之若云我本无情故能无憂則夫有情者遂自絕於遠曠之域而迷困於憂樂之境矣

莊子之楚見空髑髏髐然有形撽以馬捶因而問之曰夫子貪生失理而爲此乎將子有亡國之事斧鉞之誅而爲此乎將子有不善之行愧遺父母妻子之醜而爲此乎將子有凍餒之患而爲此乎將子之春秋故及此乎於是語卒援髑髏枕而卧夜半髑髏見夢曰子之談者似辯士諸子所言皆生人之累也死則无此矣子欲

撽 苦弔 古的

從七容反

矉頻

聞死之説乎莊子曰然髑髏曰死无君於上无臣於下亦无四時之事從然以天地爲春秋雖南面王樂不能過也莊子不信曰吾使司命復生子形爲子骨肉肌膚反子父母妻子閭里知識子欲之乎髑髏深矉蹙頞曰吾安能棄南面王樂而復爲人間之勞乎舊説云莊子樂死惡生斯説謬矣若然何謂齊乎所謂齊者生時安生死時安死生死之情既齊則无爲當生而憂死耳此莊子之旨也

顔淵東之齊孔子有憂色子貢下席而問曰小子敢問回東之齊夫子有憂色何邪孔子曰善哉

汝問昔者管子有言丘甚善之曰褚小者不可以懷大綆短者不可以汲深夫若是者以爲命有所成而形有所適也夫不可損益（故當任之而已）吾恐回與齊侯言堯舜黃帝之道而重以燧人神農之言彼將內求於己而不得不得則惑人惑則死（內求不得將求於外舍內求外非惑如何）且汝獨不聞邪昔者海鳥止於魯郊魯侯御而觴之于廟奏九韶以爲樂具太牢以爲膳鳥乃眩視憂悲不敢食一臠不敢飲一杯三日而死此

鰷條　卒寸忽反　還患又旋面反　南本又有好惡[illegible]却无故也二字

以己養養鳥也非以鳥養養鳥也夫以鳥養養鳥者宜棲之深林遊之壇陸浮之江湖食之鰌鰷隨行列而止委蛇而處彼唯人言之惡聞奚以夫譊譊爲乎咸池九韶之樂張之洞庭之野鳥聞之而飛獸聞之而走魚聞之而下入人卒聞之相與還而觀之魚處水而生人處水而死彼必相與異其好惡故異也故先聖不一其能不同其事（各隨其情）名止於實義設於適是之謂條達而福持（實而適故條達性常得故福持）

攓 居輦反又起虔反

幾機

劉有若鼃蠙為韻四字

𢇁 古絶字今讀音繼

軦 況　瞀 莫豆反

列子行食於道從見百歲髑髏攓蓬而指之曰唯予與汝知而未嘗死未嘗生也各以所遇為樂汝果養乎予果歡乎歡養之實未有定在種有幾變化種數不可勝計得水則為𢇁係無生有為繼得水土之際則為鼃蠙之衣蝦蟆衣生於陵屯則為陵舄車前草陵舄得鬱棲糞壤也則為烏足烏足之根為蠐螬其葉為胡蝶胡蝶胥也化而為蟲生於竈下其狀若脫其名為鴝掇鴝掇千日為鳥其名為乾餘骨乾餘骨之沫為斯彌斯彌為食醯頤輅醯雞生乎食醯黃軦蟲名生乎九

蠸權 箰息尹反
羊奚比合於久竹而
生青寧之蟲也

猷瞀芮（並蟲名）生乎腐蠸（並蟲也）羊奚比乎（並草名）不箰久竹生青寧（蟲）青寧生程（蟲名）程生馬馬生人人又反入於機萬物皆出於機皆入於機（此言一氣而萬形有變化而无一死生也）

腐輔

南華眞經卷第六

張本云斯彌為食醯生乎頤輅頤輅生乎黃軦黃軦生乎九猷九猷生乎瞀芮瞀芮生乎腐蠸腐蠸生乎羊奚

達生

南華眞經卷第七

莊子外篇達生第十九　郭象注 此篇專論養生之道

達生之情者不務生之所无以爲 生之所无以爲者分外物也 達命之情者不務知之所无奈何 知之所无奈何者命表事也 養形必先之物物有餘而形不養者有之矣 知止其分物稱其生生斯足矣有餘則傷也 有生必先无離形形不離而生亡者有之矣 守形太甚故生亡也 生之來不能却其去不能止 非我所制則无爲有懷於其間 悲夫世之人以爲養形足以存生 故彌養之而彌失之 而養形果不足以存生 養之彌厚則死地彌至 則世奚足爲哉

莫若放而任之雖不足爲而不可不爲者其爲不免矣性分各自爲者皆在至理中來故不可免也是以善養生者從而任之夫欲免爲形者莫如棄世棄世則无累无累則正平正平則與彼更生更生則幾矣更生者日新之謂也付之日新則性命盡矣事奚足棄而生奚足遺棄事則形不勞遺生則精不虧所以遺棄之夫形全精復與天爲一俱不爲也天地者萬物之父母也无所偏爲故能子萬物合則成體散則成始所在皆成无常處形精不虧是謂能移與化俱也精而又精反以相天還輔其自然也

子列子問關尹曰至人潛行不窒其心虛故能御羣實

止張作正

蹈火不熱行乎萬物之上而不慄（至適故无不可耳非
物往可之）請問何以至於此關尹曰是純氣之
守也非知巧果敢之列居予語汝凡有
貌象聲色者皆物也物與物何以相遠
（唯无心者獨遠耳）夫奚足以至乎先是色而已（同是形色之物耳未
足以相先也）則物之造乎不形而止乎无所化
（常遊於極）夫得是而窮之者物焉得而止焉（夫至極者
非物所制）彼將處乎不淫之度（止於所受之分）而藏乎无
端之紀（冥然與變化日新）遊乎萬物之所終始（終始者物之極）
壹其性（飾則二矣）養其氣（不以心使之）合其德（不以物離性）以

純氣之
養

郤去逆反

遻音悟又音愕

通乎物之所造萬物皆造於自爾夫若是者其天守全其神无郤物奚自入焉。夫醉者之墜車雖疾不死骨節與人同而犯害與人異其神全也乘亦不知也墜亦不知也死生驚懼不入乎其胷中是故遻物而不慴彼得全於酒而猶若是醉故失其所知耳非自然无心者也而況得全於天乎聖人藏於天故莫之能傷也不闚性分之外故曰藏復讎者不折鏌干夫干將鏌鋣雖與讎爲用然報讎者不事折之以其无心雖有忮心者不怨飄瓦飄落之瓦雖復中人人莫之怨者由其无情是以天下平均凡不平者由有情故无攻戰

痀（於禹反又居具其禹二反）

之亂无殺戮之刑者由此道也（无情之道大矣）不開人之天而開天之天（不慮而知開天也知而後感開人也然則開天者性之動也開人者知之用也）開天者德生（性動者遇物而當足則忘餘斯德生也）開人者賊生（知用者從感而求勸而不已斯賊生也）不厭其天不忽於人（任其天性而動則人理亦自全矣）民幾乎以其眞（民之所患僞之所生常在於知用不在於性動也）仲尼適楚出於林中見痀僂者承蜩猶掇之也仲尼曰子巧乎有道邪曰我有道也五六月累丸二而不墜則失者錙銖（累二丸於竿頭是用手之停審也故其承蜩所失者不過錙銖之間也）累三而不墜則失者十一（所失愈少）累五而不墜猶掇之也（停審之至故乃无所復失）吾

凝列子作疑注云分猶意散專則與神相似者也

處身也若橛株拘吾執臂也若槁木之枝（不動之至）雖天地之大萬物之多而唯蜩翼之知吾不反不側不以萬物易蜩之翼何爲而不得（遺彼故得此）孔子顧謂弟子曰用志不分乃凝於神其痀僂丈人之謂乎

顔淵問仲尼曰吾嘗濟乎觴深之淵津人操舟若神吾問焉曰操舟可學邪曰可善游者數能（言物雖有性亦須數習而後能耳）若乃夫没人則未嘗見舟而便操之也（没人謂能鶩没於水底）吾問焉而不吾告敢問何謂也仲尼曰善游

元嘉本无車字

合重

憚徒丹反又音丹又丈旦反

殙武典反又音昏

善牧

又本學生吾絕句

者數能忘水也（習以成性遂若自然）若乃夫沒人之未嘗見舟而便操之也彼視淵若陵視舟之覆猶其車却也（視淵若陵故視舟之覆於淵猶車之却退於坂也）覆却萬方陳乎前而不得入其舍（覆却雖多而猶不以經懷以其性便故也）惡往而不暇（所遇皆閒暇也）以瓦注者巧以鉤注者憚以黃金注者殙（所要愈重則其心愈矜也）其巧一也而有所矜則重外也凡外重者內拙（夫欲養生全內者其唯无所矜重也）

田開之見周威公威公曰吾聞祝腎學生（學生者務中適）吾子與祝腎遊亦何聞焉田開之曰開之操拔篲以侍門庭亦何

忘水

聞於夫子威公曰田子无讓寡人願聞之開之曰聞之夫子曰善養生者若牧羊然視其後者而鞭之威公曰何謂也田開之曰魯有單豹者巖居而水飲不與民共利行年七十而猶有嬰兒之色不幸遇餓虎餓虎殺而食之有張毅者高門縣薄无不走也行年四十而有内熱之病以死豹養其内而虎食其外毅養其外而病攻其内此二子者皆不鞭其後者也夫守一方之事至於過理者不及於會通之適也鞭其後者去其不及也仲尼曰无

劉有

戒微

取江南作最

趣異

豢張作豢

牢豕室

筴木欄 初革反

入而藏藏既内矣而又入之此過於入也无出而陽陽既外矣而又出之此過於出也柴立其中央若槁木之无心而中適是立也三者若得其名必極名極而實當也夫畏塗者十殺一人則父子兄弟相戒也必盛卒徒而後敢出焉不亦知乎人之所取畏者衽席之上飲食之間而不知爲之戒者過也十殺一耳便大畏之至於色欲之害動皆之死地而莫不冒之斯過之甚也祝宗人玄端以臨牢筴說彘曰汝奚惡死吾將三月豢汝十日戒三日齊藉白茅加汝肩尻乎彫俎之上則汝爲之乎爲彘謀曰不如食以糠糟而錯

守中

去欲

腞畫飾直轉反
楯輭車食准反
聚僂棺槨也
僂力主反

釋疑

誒於代反又音熙
唉該反
詒吐代反又音怡又音臺

之牢筴之中自為謀則苟生有軒冕之
尊死得於腞楯之上聚僂之中則為之
為彘謀則去之自為謀則取之所異彘
者何也欲贍則身亡理常俱耳不問人獸也桓公田於澤管仲御
見鬼焉公撫管仲之手曰仲父何見對
曰臣无所見公反誒詒為病數日不出
齊士有皇子告敖者曰公則自傷鬼惡
能傷公夫忿滀之氣散而不反則為不
足上而不下則使人善怒下而不上則
使人善忘不上不下中身當心則為病

髻 結又胡節反又音詰又音吉司馬云髻竈神著赤衣狀如美女 倍 裴 鮭 戶媧反 蠪 龍又音聾

桓公曰然則有鬼乎曰有沈有履竈有髻戶内之煩壤雷霆處之東北方之下者倍阿鮭蠪躍之西北方之下者則泆陽處之水有罔象丘有峷山有夔野有彷徨澤有委蛇公曰請問委蛇之狀何如皇子曰委蛇其大如轂其長如轅紫衣而朱冠其為物也惡聞雷車之聲則捧其首而立見之者殆乎霸桓公辴然而笑曰此寡人之所見者也於是正衣冠與之坐不終日而不知病之去也此章言憂

去憂 泆 逸 峷 所巾反 辴 敕引反

渻所景反　憍居喬反　景於領反

不爭

性習成

來而累生者不明也患去而性得者達理也紀渻子爲王養鬬雞十日而問雞已乎曰未也方虛憍而恃氣十日又問曰未也猶應嚮景十日又問曰未也猶疾視而盛氣十日又問曰幾矣雞雖有鳴者已无變矣望之似木雞矣其德全矣異雞无敢應者反走矣此章言養之以至於全者猶无敵於外況自全乎

孔子觀於呂梁縣水三十仞流沫四十里黿鼉魚鼈之所不能游也見一丈夫游之以爲有苦而欲死也使弟子並流而拯之數百步而出被髮行歌

全氣

汩　胡忽反

鐻　據

擇材

而游於塘下孔子從而問焉曰吾以子爲鬼察子則人也請問蹈水有道乎曰亡吾无道吾始乎故長乎性成乎命與齊俱入與汩偕出（磨翁而旋入者齊也回伏而涌出者汩也）從水之道而不爲私焉（任水而不任己）此吾所以蹈之也孔子曰何謂始乎故長乎性成乎命曰吾生於陵而安於陵故也長於水而安於水性也不知吾所以然而然命也（此章言人有偏能得其所能而任之則天下无難矣用夫无難以涉乎生生之道何往而不通也）

梓慶削木爲鐻鐻成見者驚猶鬼神（不似人所作也）魯侯見而問焉曰

忘水

江南本有猶字

遐巧

子何術以爲焉對曰臣工人何術之有雖然有一焉臣將爲鐻未嘗敢以耗氣也必齊以靜心齊三日而不敢懷慶賞爵祿齊五日不敢懷非譽巧拙齊七日輒然忘吾有四枝形體也當是時也无公朝視公朝若无則跂慕之心絕矣其巧專而外滑消性外之事去也然後入山林觀天性形軀至矣然後成見鐻然後加手焉不然則已必取材中者也則以天合天不離其自然也器之所以疑神者其是與盡因物之妙故乃疑是鬼神所作耳東野稷以御見莊公進退中繩

忘形

東野稷誇其能圓而驅之如鉤復迹百反而不知止

張無知字

忘仮

左右旋中規莊公以爲文弗過也使之
鉤百而反顏闔遇之入見曰稷之馬將
敗公密而不應少焉果敗而反公曰子
何以知之曰其馬力竭矣而猶求焉故
曰敗斯明至當之不可過也工倕旋而蓋規矩指與物化
而不以心稽故其靈臺一而不桎雖工倕之巧猶任規
矩此言因物之易也忘足屨之適也忘要帶之適也百體皆適
則都忘其身也知忘是非心之適也是非生於不適耳不內變
不外從事會之適也所遇而安故无所變從也始乎適而
未嘗不適者忘適之適也識適者猶未適也有孫休

過用其力

忘適

審授 扁篇

者踵門而詫子扁慶子曰休居鄉不見謂不脩臨難不見謂不勇然而田原不遇歲事君不遇世賓於鄉里逐於州部則胡罪乎天哉休惡遇此命也扁子曰子獨不聞夫至人之自行邪忘其肝膽遺其耳目（闇付自然也）芒然彷徨乎塵垢之外（凡非真性皆塵垢也）逍遥乎无事之業（凡自爲者皆不事之業也）是謂爲而不恃（率性自爲耳非恃而爲之）長而不宰（任其自長耳非宰而長之）今汝飾知以驚愚脩身以明汙昭昭乎若揭日月而行也汝得全而形軀具而九竅

遇用 其知

无中道夭於聾盲跛蹇而比於人數亦幸矣又何暇乎天之怨哉子往矣孫子出扁子入坐有閒仰天而歎弟子問曰先生何爲歎乎扁子曰向者休來吾告之以至人之德吾恐其驚而遂至於惑也弟子曰不然孫子之所言是邪先生之所言非邪非固不能惑是孫子所言非邪先生所言是邪彼固惑而來矣又奚罪焉扁子曰不然昔者有鳥止於魯郊魯君悦之爲具太牢以饗之奏九韶

劉有安字

山木

以樂之鳥乃始憂悲眩視不敢飲食此之謂以己養養鳥也若夫以鳥養養鳥者宜棲之深林浮之江湖食之以委蛇則平陸而已矣各有所便也今休款啓寡聞之民也吾告以至人之德譬之若載鼷以車馬樂鴳以鍾鼓也彼又惡能无驚乎哉此章言善養生者各任性分之適而至矣

莊子外篇山木第二十　郭象注

莊子行於山中見大木枝葉盛茂伐木者止其旁而不取也問其故曰无所可

養非所養

用莊子曰此木以不材得終其天年夫子出於山舍於故人之家故人喜命豎子殺鴈而烹之豎子請曰其一能鳴其一不能鳴請奚殺主人曰殺不能鳴者明日弟子問於莊子曰昨日山中之木以不材得終其天年今主人之鴈以不材死先生將何處莊子笑曰周將處夫材與不材之間材與不材之間似之而非也故未免乎累（設將處此耳以此未免於累竟不處）若夫乘道德而浮遊則不然无譽无訾一龍一蛇與

時俱化而无肯專爲一上一下以和爲量浮遊乎萬物之祖物物而不物於物則胡可得而累邪此神農黃帝之法則也故莊子亦處焉若夫萬物之情人倫之傳則不然合則離成則毁廉則挫尊則議有爲則虧賢則謀不肖則欺胡可得而必乎哉悲夫弟子志之其唯道德之鄉乎不可必故待之不可以一方也唯與時俱化者爲能涉變而常通耳

市南宜僚見魯侯魯侯有憂色市南子曰君有憂色何也魯侯曰吾學先王之道脩先君之業吾敬鬼

洒先典反

文史爲災

崔本無離字以居字連上句

尊賢親而行之无須臾離居然不免於患吾是以憂市南子曰君之除患之術淺矣有其身而矜其國故雖憂懷萬端尊賢尚行而患慮愈深矣夫豐狐文豹棲於山林伏於巖穴靜也夜行晝居戒也雖飢渴隱約猶且胥踈於江湖之上而求食焉定也然且不免於罔羅機辟之患是何罪之有哉其皮爲之災也今魯國獨非君之皮邪吾願君刳形去皮洒心去欲而遊於无人之野欲令无其身忘其國而任其自化也南越有邑焉名爲建德之國寄之南越取其去魯之遠也其民愚

而朴少私而寡欲知作而不知藏與而
不求其報不知義之所適不知禮之所
將猖狂妄行乃蹈乎大方各恣其率步而人人自蹈其方則萬方得矣不
亦大乎其生可樂其死可葬言可終始處之吾願君去
國捐俗與道相輔而行所謂去國捐俗謂蕩除其胷中也君曰
彼其道遠而險又有江山我无舟車奈
何眞謂欲使之南越市南子曰君无形倨形倨蹟礙之謂无留
居留居滯守之謂以爲君車形與物夷心與物化斯寄物以自載也君曰彼其
道幽遠而无人吾誰與爲鄰吾无糧我
无食安得而至焉市南子曰少君之費

惼必善反急也

虛己免害

寡君之欲雖无糧而乃足所謂知足則无所不足也君其涉於江而浮於海望之而不見其崖愈往而不知其所窮絕情欲之遠也送君者皆自崖而反君欲絕則民各反守其分君自此遠矣超然獨立於萬物之上也故有人者累有人者有之以爲己私也見有於人者憂見有於人者爲人所役用也故堯非有人非見有於人也雖有天下皆寄之百官委之萬物而不與焉斯非有人也因民任物而不役己斯非見有於人也吾願去君之累除君之憂而獨與道遊於大莫之國欲令蕩然无有國之懷方舟而濟於河有虛船來觸舟雖有惼心之人不怒有一人在其上則呼張歙之

間一作閒

一呼而不聞再呼而不聞於是三呼邪則必以惡聲隨之向也不怒而今也怒向也虛而今也實人能虛己以遊世其孰能害之（世雖變其於虛己以免害一也）北宮奢爲衛靈公賦斂以爲鍾爲壇乎郭門之外三月而成上下之縣王子慶忌見而問焉曰子何術之設奢曰一之間无敢設也（泊然抱一耳非敢假設以益事也）奢聞之既彫既琢復歸於朴（還用其本性也）侗乎其无識（任其純朴而已）儻乎其怠疑（无所趣也）萃乎芒乎其送往而迎來（无所欣悅）來者勿禁往者勿

翂翐 紛秩二音

无能遠禍

止也（任彼）從其彊梁（順乎衆也）隨其曲傅（无所係也）因其自窮（用其不得不爾）故朝夕賦斂而豪毛不挫（當故无損）而況有大塗者乎（泰然无執用天下之自爲斯大通之塗也故曰經之營之不日成之）孔子圍於陳蔡之間七日不火食太公任往弔之曰子幾死乎曰然子惡死乎曰然（自同於好惡耳聖人无好惡也）任曰予嘗言不死之道東海有鳥焉其名曰意怠其爲鳥也翂翂翐翐而似无能引援而飛迫脅而棲（既弘大舒緩又心无常係）進不敢爲前退不敢爲後（常從容處中）食不敢先嘗必取其緒（其於隨物而已）是故其行列不斥

與羣俱也而外人卒不得害是以免於患患害生於役知以奔競直木先伐甘井先竭寺之害也子其意者飾知以驚愚脩身以明汙昭昭乎如揭日月而行故不免也夫察焉小異則與衆爲迕矣混然大同則无獨異於世矣故夫昭昭者乃冥冥之迹也將寄言以遺迹故因陳蔡以託患昔吾聞之大成之人曰自伐者无功功成者墮名成者虧恃功名以爲己成者未之嘗全孰能去功與名而還與衆人功自衆成故還之道流而不明昧然而自行耳居得行而不名處彼皆居然自得此行耳非由名而後處之純純常常乃比於狂无心而動故也削迹捐勢不爲功名功自彼成故勢不在我而名迹皆去是故无責於人人亦

天屬相收

杼 食汝反 又音序

无責焉恣情任彼故彼各自當其責也至人不聞子何喜哉寂泊无懷乃至人也孔子曰善哉辭其交遊去其弟子逃於大澤衣裘褐食杼栗取於棄人間之好也入獸不亂羣入鳥不亂行若草木之无心故爲鳥獸所不畏鳥獸不惡而況人乎蓋寄言以極推至誠之信任乎物而无受害之地也

孔子問子桑雽曰吾再逐於魯伐樹於宋削迹於衛窮於商周圍於陳蔡之間吾犯此數患親交益疏徒友益散何與子桑雽曰子獨不聞假人之亡與林回棄千金之璧負赤子而趨或曰爲其布與赤子之布寡矣布謂匹帛

雽

也爲其累與赤子之累多矣棄千金之璧負赤子而趨何也林回曰彼以利合此以天屬也夫以利合者迫窮禍患害相棄也以天屬者迫窮禍患害相收也夫相收之與相棄亦遠矣且君子之交淡若水小人之交甘若醴君子淡以親无利故淡道合故親小人甘以絶飾利故甘利不可常故有時而絶也彼无故以合者則无故以離夫无故而自合者天屬也合不由故則故不足以離之也然則有故而合必有故而離矣孔子曰敬聞命矣徐行翔佯而歸絶學捐書弟子无挹於前其愛益加進去飾任素

真司馬作直
泠音零曉也或作
泠命或作令

𢈪賢鄧反又苦結反

隱德

王長上往況反
下丁亮反

故也異日桑雩又曰舜之將死眞泠禹曰汝戒之哉形莫若緣情莫若率因形率情不矯之以利也緣則不離率則不勞形不假故常全情不矯故常逸不離不勞則不求文以待形任朴而直前也不求文以待形固不待物朴素而足

莊子衣大布而補之正𢈪係履而過魏王魏王曰何先生之憊邪莊子曰貧也非憊也士有道德不能行憊也衣弊履穿貧也非憊也此所謂非遭時也王獨不見夫騰猿乎其得柟梓豫章也攬蔓其枝而王長其間雖羿蓬

枸音矩

大達

蒙不能睥睨也[遭時得地則申其長技故雖古之善射莫之能害]及其得柘棘枳枸之間也危行側視振動悼慄此筋骨非有加急而不柔也處勢不便未足以逞其能也今處昏上亂相之間而欲无憊奚可得邪此比干之見剖心徵也夫[勢不便而強爲之則受戮矣]孔子窮於陳蔡之間七日不火食左據槁木右擊槁枝而歌猋氏之風有其具而无其數有其聲而无宮角木聲與人聲犁然有當於人之心顔回端拱還目而窺之仲尼恐其廣己而

物江南作化

造大也愛己而造哀也曰回无受天損易（唯安之故易）无受人益難（物之儻來不可禁御）无始而非卒也（於今爲始者於昨爲卒則所謂始者即是卒矣言變化之无窮）人與天一也（皆自然）夫今之歌者其誰乎（任其自爾則歌者非我也）回曰敢問无受天損易仲尼曰飢渴寒暑窮桎不行天地之行也運物之泄也（不可逃也）言與之偕逝之謂也（所謂不識不知而順帝之則也）爲人臣者不敢去之執臣之道猶若是而況乎所以待天乎（所在皆安）（不以損爲損斯待天而不受其損也）何謂无受人益難仲尼曰始用四達（感應旁通爲四達）爵祿並至而不窮（旁通故可以御高大也）

物之所利乃非己也（非己求而取之）吾命有在外者也（人之生必外有接物之命非如瓦石止於形質而已）君子不爲盜賢人不爲竊吾若取之何哉（盜竊者私取之謂也今賢人君子之致爵祿非私取也受之而已）故曰鳥莫知於鷾鴯目之所不宜處不給視雖落其實棄之而走（避禍之速）其畏人也而襲諸人間（未有自疏外於人而人存之者也畏人而入於人間此鳥之所以稱知也）社稷存焉爾（況之至人則玄同天下故天下樂推而不猒相與社而稷之斯无受人益之所以爲難也）何謂无始而非卒仲尼曰化其萬物而不知其禪之者（莫覺其變）焉知其所終焉知其所始正而待之而已耳（日夜相代未始有極故正而待之无所爲懷也）何謂人與天

一邪仲尼曰有人天也有天亦天也（凡所謂天皆明不爲而自然）人之不能有天性也（言自然則自然矣人安能故有此自然哉自然耳故曰性）聖人晏然體逝而終矣（晏然无矜而體與變俱也）莊周遊乎雕陵之樊覩一異鵲自南方來者翼廣七尺目大運寸感周之顙而集於栗林莊周曰此何鳥哉翼殷不逝目大不覩蹇裳躩步執彈而留之覩一蟬方得美蔭而忘其身螳蜋執翳而搏之見得而忘其形（執木葉以自翳於蟬而忘其形之見乎異鵲也）異鵲從而利之見利而忘其眞（目能覩翼能逝此鳥之眞性也今見利故忘之）莊周怵

誶又作訊音同

江南有宮字

一本作三日

江南成並作令

張無下栗林二字

自賢

然曰噫物固相累相為利者恒相為累二類相召也夫有欲於物者物亦有欲之捐彈而反走虞人逐而誶之誶問之也莊周反入三月不庭藺且從而問之夫子何為頃間甚不庭乎莊周曰吾守形而忘身夫身在人間世有夷險若推夷易之形於此世而不度此世之所宜斯守形而忘身者也觀於濁水而迷於清淵見彼而不明即因彼以自見幾忘反鑒之道也且吾聞諸夫子曰入其俗從其俗不違其禁令也今吾遊於雕陵而忘吾身異鵲感吾顙遊於栗林而忘眞栗林虞人以吾為戮吾所以不庭也以見問為戮夫莊子推平於天下故每寄言以出意乃毀仲尼賤老聃上掊擊乎三皇下痛病其一身也陽子之宋宿

田子方
谿司馬作雞

真悟

於逆旅逆旅人有妾二人其一人美其一人惡惡者貴而美者賤陽子問其故逆旅小子對曰其美者自美吾不知其美也其惡者自惡吾不知其惡也陽子曰弟子記之行賢而去自賢之行安往而不愛哉言自賢之道无時而可

莊子外篇田子方第二十一　郭象注

田子方侍坐於魏文侯數稱谿工文侯曰谿工子之師邪子方曰非也无擇之里人也稱道數當故无擇稱之文侯曰

然則子无師邪子方曰有曰子之師誰邪子方曰東郭順子文侯曰然則夫子何故未嘗稱之子方曰其爲人也眞无假也人貌而天雖貌與人同而獨任自然虚緣而葆眞虚而順物故眞不失清而容物夫清者患於大絜今清而容物與天同也物无道正容以悟之使人之意也消曠然清虚正己而已而物邪自消无擇何足以稱之子方出文侯儻然終日不言召前立臣而語之曰遠矣全德之君子始吾以聖知之言仁義之行爲至矣吾聞子方之師吾形解而不欲動口鉗而不欲

具元嘉本作且

言（自覺其近）吾所學者眞土梗耳（非眞物也）夫魏眞爲我累耳（知至貴者以人爵爲累也）溫伯雪子適齊舍於魯魯人有請見之者溫伯雪子曰不可吾聞中國之君子明乎禮義而陋於知人心吾不欲見也至於齊反舍於魯是人也又請見溫伯雪子曰往也蘄見我今也又蘄見我是必有以振我也出而見客入而歎明日見客又入而歎其僕曰每見之客也必入而歎何耶曰吾固告子矣中國之民明乎禮義而陋乎知人

心昔之見我者進退一成規一成矩從容一若龍一若虎槃辟其步逶蛇其迹其諫我也似子其道我也似父禮義之弊有斯飾也是以歎也仲尼見之而不言已知其心矣子路曰吾子欲見溫伯雪子久矣見之而不言何邪仲尼曰若夫人者目擊而道存矣亦不可以容聲矣目裁往意已達无所容其德音也

顏淵問於仲尼曰夫子步亦步夫子趨亦趨夫子馳亦馳夫子奔逸絕塵而回瞠若乎後矣夫子曰回何謂邪曰夫子步亦步也夫子言亦言也

瞠 敕庚反又丑郎反

密移

夫子趨亦趨也夫子辯亦辯也夫子馳亦馳也夫子言道回亦言道也及奔逸絶塵而回瞠若乎後者夫子不言而信不比而周无器而民滔乎前而不知所以然而已矣仲尼曰惡可不察與夫哀莫大於心死而人死亦次之夫心以死爲死乃更速其死其死之速由哀以自喪也无哀則已有哀則心死者乃哀之大也日出東方而入於西極萬物莫不比方皆可見也有目有趾者待是而後成功目成見功足成行功也是出則存是入則亡直以不見爲亡耳竟不亡萬物亦然有待也而死有待也而生

待隱謂之死待顯謂之生竟无死生也吾一受其成形而不化以待盡夫有不得變而爲无故一受成形則化盡无期也效物而動自无心也日夜无隙恒化新也而不知其所終不以死爲死也薰然其成形薰然自成又奚爲哉知命不能規乎其前丘以是日徂不係於前與變俱往故日徂吾終身與汝交一臂而失之可不哀與夫變化不可執而留也故雖執臂相守而不能令停若哀死者則此亦可哀也今人未甞以此爲哀奚獨哀死邪汝殆著乎吾所以著也彼已盡矣而汝求之以爲有是求馬於唐肆也唐肆非停馬處也言求向者之有不可復得也人之生若馬之過肆耳恒无駐須臾新故之相續不舍晝夜也著見也言女殆見吾所以見者耳吾所以見者日新也故已盡矣汝安得有之吾服汝也甚忘服者思存之謂也甚忘謂過去之速也言汝去忽然思之恒欲不及汝服吾也

才德自然

慹乃牒反又丁立反

掘兀

亦甚忘（俱爾耳不問賢之與聖未有得停者）雖然汝奚患焉雖忘乎故吾吾有不忘者存（不忘者存謂繼之以日新也雖忘故吾而新吾已至未始非吾吾何患焉故能離俗）（絕塵而與物无不冥也）孔子見老聃老聃新沐方將被髮而乾慹然似非人（寂泊之至）孔子便而待之少焉見曰丘也眩與其信然與向者先生形體掘若槁木似遺物離人而立於獨也（无其心身而後外物去也）老聃曰吾遊於物之初（初未有而欻有故遊於物初然後明）（有物之不爲而自有也）孔子曰何謂邪曰心困焉而不能知口辟焉而不能言（欲令仲尼必求之於言意之表也）嘗爲汝議乎其將（試議陰陽以擬向之无形耳未之敢必）至陰肅肅至陽赫赫

肅肅出乎天赫赫發乎地（言其交也）兩者交通成和而物生焉或爲之紀而莫見其形（莫見爲紀之形明其自爾）消息滿虛一晦一明日改月化日有所爲（不嘗守故）而莫見其功（自爾故无功）生有所乎萌（萌於未聚也）死有所乎歸（歸於散也）始終相反乎无端而莫知乎其所窮（所謂迎之不見其首隨之不見其後）非是也且孰爲之宗孔子曰請問遊是老聃曰夫得是至美至樂也得至美而遊乎至樂謂之至人（至美无美至樂无樂故也）孔子曰願聞其方曰草食之獸不疾易藪水生之蟲不疾易水

行少變而不失其大常也死生亦小變也喜怒哀樂不入於胷次知其小變而不失大常故夫天下也者萬物之所一也得其所一而同焉則四支百體將爲塵垢而死生終始將爲晝夜而莫之能滑而況得喪禍福之所介乎愈不足患棄隸者若棄泥塗知身貴於隸也知身之貴於隸故棄之若遺土耳苟知死生之變所在皆我則貴者常在也貴在於我而不失於變所貴者我也而我與變俱故无失也且萬化而未始有極也夫孰足以患心已爲道者解乎此所謂縣解孔子曰夫子德配天地而猶假至言以脩心古之君子

一作脫
汋灼

跋言

孰能說焉老聃曰不然夫水之於汋也无爲而才自然矣至人之於德也不脩而物不能離焉若天之自高地之自厚日月之自明夫何脩焉（不脩不爲而自得也）孔子出以告顏回曰丘之於道也其猶醯雞與（醯雞者甕中之蠛蠓）微夫子之發吾覆也吾不知天地之大全也（比吾全於老聃猶甕中之與天地矣）莊子見魯哀公哀公曰魯多儒士少爲先生方者莊子曰魯少儒哀公曰舉魯國而儒服何謂少乎莊子曰周聞之儒者冠圜冠者知天時履

句音矩

内得外豐

句屨者知地形緩佩玦者事至而斷君子有其道者未必爲其服也爲其服者未必知其道也公固以爲不然何不號於國中曰无此道而爲此服者其罪死於是哀公號之五日而魯國无敢儒服者獨有一丈夫儒服而立乎公門公即召而問以國事千轉萬變而不窮莊子曰以魯國而儒者一人耳可謂多乎（德充於內者不脩飾於外）百里奚爵祿不入於心故飯牛而牛肥使秦穆公忘其賤與之政也有虞

儃（吐但反又音但）

夫或作人

詢衆任賢

氏死生不入於心故足以動人（内自得者外事全也）宋元君將畫圖衆史皆至受揖而立舐筆和墨在外者半有一史後至者儃儃然不趨受揖不立因之舍公使人視之則解衣般礴臝君曰可矣是眞畫者也（内足者神）

（閒而意定）文王觀於臧見一丈夫釣而其釣莫釣（聊以卒歲）非持其釣有釣者也（意无所求）常釣也（不以得失）

（經意其於假釣而已）文王欲舉而授之政而恐大臣父兄之弗安也欲終而釋之而不忍百姓之无天也於是旦而屬之大夫曰昔者

壞怪　植值
斔庾

寡人夢見良人黑色而顴乘駁馬而偏朱蹄號曰寓而政於臧丈人庶幾乎民有瘳乎諸大夫蹵然曰先君王也文王曰然則卜之諸大夫曰先君之命王其无它又何卜焉遂迎臧丈人而授之政典法无更偏令无出三年文王觀於國則列士壞植散羣長官者不成德斔斛不敢入於四境列士壞植散羣則尚同也所謂和其光同其塵長官者不成德則同務也絜然自成則與衆務異也斔斛不敢入於四境則諸侯无二心

有心未妙

適　丁歷反

也（天下相信故能同律度量衡也）文王於是焉以爲大師北面
而問曰政可以及天下乎臧丈人昧然
而不應泛然而辭朝令而夜遁終身无
聞（爲功者非己故功成而身不得不退事遂而名不得不去名去身退乃可以及天下也）顔淵問於仲
尼曰文王其猶未邪又何以夢爲乎仲
尼曰默汝无言夫文王盡之也（任諸大夫而不自任斯盡之也）
而又何論刺焉彼直以循斯須也（斯須者百姓之情當
悟未悟之頃故文王循而發之以合其大情也）列御寇爲伯昏无人射引
之盈貫（盈貫謂溢鏑也）措杯水其肘上（左手如拒右手如附枝右手放發而左手
不知故可措之杯水也）發之適矢復沓（矢去也箭適去復歃沓也）方矢復

怵勑律反

道充不動

寓箭方去未至的已復寄杯於肘上言其敏捷之妙也當是時猶象人也不動之至伯昏无人曰是射之射非不射之射也嘗與汝登高山履危石臨百仞之淵若能射乎於是无人遂登高山履危石臨百仞之淵背逡巡足二分垂在外揖御寇而進之御寇伏地汗流至踵伯昏无人曰夫至人者上闚青天下潛黃泉揮斥八極神氣不變揮斥猶縱放也夫德充於內則神滿於外无遠近幽深所在皆明故審安危之機而泊然自得也今汝怵然有恂目之志爾於中也殆矣夫不能明至分故有懼有懼而所喪多矣豈唯射乎肩吾問於孫叔敖曰

子三爲令尹而不榮華三去之而无憂色吾始也疑子今視子之鼻間栩栩然子之用心獨奈何孫叔敖曰吾何以過人哉吾以其來不可却也其去不可止也吾以爲得失之非我也而无憂色而已矣我何以過人哉且不知其在彼乎其在我乎其在彼邪亡乎我在我邪亡乎彼〔曠然无係玄同彼我則在彼非獨亡在我非獨存也〕方將躊躇方將四顧何暇至乎人貴人賤哉〔躊躇四顧謂无可无不可〕仲尼聞之曰古之眞人知者不得說美人不得

刦居業反

治身保存

濫盜人不得刦伏戲黃帝不得友伏戲黃帝者功號耳非所以功者也故況功號於所以功相去遠矣故其名不足以友其人也死生亦大矣而无變乎已況爵祿乎若然者其神經乎大山而无介入乎淵泉而不濡處卑細而不憊充滿天地既以與人己愈有割肌膚以爲天下者彼我俱失也使人人自得而已者與人而不損於己也其神明充滿天地故所在皆可所在皆可故不損己爲物而放於自得之地也

楚王與凡君坐少焉楚王左右曰凡亡者三言有三亡徵也凡君曰凡之亡也不足以喪吾存遺凡故也夫凡之亡不足以喪吾存則楚之存不足以存存夫遺之者不以仁爲亡則存亦不足以爲存矣曠然无矜乃常存也由是觀之

知北遊

弅 扶云反

冲默

唉 哀在反又烏来反又音熙

則凡未始亡而楚未始存也存亡更在於心之所措耳天下竟无存亡

莊子外篇知北遊第二十二　郭象注

知北遊於玄水之上登隱弅之丘而適遭无爲謂焉知謂无爲謂曰予欲有問乎若何思何慮則知道何處何服則安道何從何道則得道三問而无爲謂不荅也非不荅不知荅也知不得問反於白水之南登狐闋之上而睹狂屈焉知以之言也問乎狂屈狂屈曰唉予知之將語若中欲言而忘其所欲言知不得

問反於帝宫見黄帝而問焉黄帝曰无思无慮始知道无處无服始安道无從无道始得道知問黄帝曰我與若知之彼與彼不知也其孰是邪黄帝曰彼无爲謂眞是也狂屈似之我與汝終不近也夫知者不言言者不知故聖人行不言之教任其自行斯不言之教也道不可致道在自然非可言致者也德不可至不失德故稱德稱德而不至也仁可爲也義可虧也禮相僞也故曰失道而後德失德而後仁失仁而後義失義而後禮禮者道之華而

亂之首也禮有常則故矯效之所由生也故曰爲道者日損損華僞也損之又損之以至於无爲无爲而无不爲也華去而朴全則雖爲而非爲也今已爲物也物失其所故有爲物欲復歸根不亦難乎其易也其唯大人乎其歸根之易者唯大人耳大人體合變化故化物不難生也死之徒死也生知變化之道者不以爲異之始孰知其紀更相爲始則未知孰死孰生也人之生氣之聚也聚則爲生散則爲死俱是聚也俱是散也若死生爲徒吾又何患患生於異故萬物一也是其所美者爲神奇其所惡者爲臭腐臭腐復化爲神奇神奇復化爲臭腐故曰通天下

一氣耳各以所美爲神奇所惡爲臭腐耳然彼之所美我之所惡也我之所美彼或惡之故通共神奇通共臭腐耳死生彼我豈殊哉聖人故貴一知謂黄帝曰吾問无爲謂无爲謂不應我非不我應不知應我也吾問狂屈狂屈中欲告我而不我告非不我告中欲告而忘之也今予問乎若若知之奚故不近黄帝曰彼其眞是也以其不知也此其似之也以其忘之也予與若終不近也以其知之也狂屈聞之以黄帝爲知言明夫自然者非言知之所得故當昧乎无言之地是以先舉不言之標而後寄明於黄帝則夫自然之冥物槩乎可得而見也天地有大美而不言四時有

今劉作合

扁 篇又音 㠾

明法而不議萬物有成理而不説此孔子之所以云予欲无言聖人者原天地之美而達萬物之理是故至人无爲任其自爲而已大聖不作唯因任也觀於天地之謂也觀其形容象其物宜與天地不異今彼神明至精與彼百化百化自化而神明不奪物已死生方圓莫知其根也夫死者已自死生者已自生圓者已自圓方者已自方未有爲其根者故莫知扁然而萬物自古以固存豈待爲之而後存焉六合爲巨未離其内計六合在无極之中則陋矣秋豪爲小待之成體秋豪雖小非无亦无以容其質天下莫不沈浮終身不故日新也陰陽四時運行各得其序不待爲之惛然若亡而存昭然若存則亡矣

神解

常道

媒妹

油然不形而神（摯然有形則不神）萬物畜而不知此之謂本根（畜之而不得其本性之根故不知其所以畜也）可以觀於天矣（與天同觀）齧缺問道乎被衣被衣曰若正汝形一汝視天和將至攝汝知一汝度神將來舍德將爲汝美道將爲汝居汝瞳焉如新生之犢而无求其故言未卒齧缺睡寐被衣大悅行歌而去之曰形若槁骸心若死灰真其實知不以故自持（與變俱也）媒媒晦晦无心而不可與謀彼何人哉（獨化者也）舜問乎丞曰道可得而有乎曰汝身

非汝有也汝何得有夫道（夫身者非汝所能有也塊然而自有耳身非汝所有而況无哉）舜曰吾身非吾有也孰有之哉曰是天地之委形也生非汝有是天地之委和也性命非汝有是天地之委順也（若身是汝有者則美惡死生當制之由汝今氣聚而生汝不能禁也氣散而死汝不能止也明其委結而自成耳非汝有也）孫子非汝有是天地之委蜕也（氣自委結而蟬蜕也）故行不知所往處不知所持食不知所味（皆在自爾中來故不知也）天地之彊陽氣也又胡可得而有邪（彊陽猶運動耳明斯道也庶可以遺身而忘生也）

孔子問於老聃曰今日晏閒敢問至道老聃曰汝齋戒疏瀹而心澡雪

而精神掊擊而知夫道窅然難言哉將爲汝言其崖略夫昭昭生於冥冥有倫生於无形精神生於道（皆所以明其獨生而无所資借）形本生於精（皆由精以至粗）而萬物以形相生故九竅者胎生八竅者卵生（言萬物雖以形相生亦皆自然耳故胎卵不能易種而生明神氣之不可爲也）其來无迹其往无崖无門无房四達之皇皇也（夫率自然之性遊无迹之塗者放形骸於天地之間寄精神於八方之表是以无門无房四達皇皇逍遥六合與化偕行也）邀於此者四枝彊思慮恂達耳目聰明其用心不勞其應物无方（人生而遇此道則天性全而精神定）天不得不高地不得不廣日月不得不行

中極

斷端管反

萬物不得不昌此其道與（言此皆不得不然而自然耳非道能使然也）且夫博之不必知辯之不必慧聖人以斷之矣（斷棄知慧而付之自然也）若夫益之而不加益損之而不加損者聖人之所保也（使各保其正分而已故无用知慧爲也）淵淵乎其若海（容恣无量）魏魏乎其終則復始也（與化俱者乃積无窮之紀可謂魏魏）運量萬物而不匱（用物而不役已故不匱也）則君子之道彼其外與（各取於身而足）萬物皆往資焉而不匱此其道與（還用物故我不匱此明道之贍物在於不贍不贍而物自得故曰此其道與言至道之无功无功乃足稱道也）中國有人焉非陰非陽（无所偏名）處於天地之間直且爲人（敖然自放所遇而安了无功名）將

喑醷 於界反

郤 一作隙

漻 流

反於宗（不逐末也）自本觀之生者喑醷物也（直聚氣也）雖有壽夭相去幾何須臾之說也奚足以爲堯桀之是非（死生猶未足殊況壽夭之間哉）果蓏有理（物无不理但當順之）人倫雖難所以相齒（人倫有知慧之變故難也然其知慧自相齒耳但當從而任之）聖人遭之而不違（順所遇也）過之而不守（宜過而過）調而應之德也偶而應之道也（調偶和合之謂也）帝之所興王之所起也（如斯而已）人生天地之間若白駒之過郤忽然而已（乃不足惜）注然勃然莫不出焉油然漻然莫不入焉（出入者變化之謂耳言天下未有不變也）已化而生又化而死（俱是化也）生物哀之（死物不哀）人

道无不在

弢敕刀反 墮許規反 袠陳筆反

類悲之死類不悲解其天弢墮其天袠獨脫也紛乎宛乎變化烟熅魂魄將往乃身從之乃大歸乎无爲用心於其間也不形之形形之不形不形形乃成若形之則敗其形矣是人之所同知也雖知之然不能任其自形而反形之所以多敗非將至之所務也務則不至此衆人之所同論也雖論之然故不能不務所以不至也彼至則不論悗然不覺乃至論則不至明見无值闇至乃值辯不若默道不可聞聞不若塞此之謂大得默而塞之則无所奔逐故大得

東郭子問於莊子曰所謂道惡乎在莊子曰无所不在東郭子曰期而後可欲令莊子指名所在莊子曰在螻蟻曰

有无一際

狶 虛豈反

何其下邪曰在稊稗曰何其愈下邪曰在瓦甓曰何其愈甚邪曰在屎溺東郭子不應莊子曰夫子之問也固不及質舉其標質言无所不在而方復怪此斯不及質也正獲之問於監市履狶也每下愈況狶大豕也夫監市之履豕以知其肥瘦者愈履其難肥之處愈知豕肥之要今問道之所在而每況之於下賤則明道之不逃於物也必矣汝唯莫必无乎逃物若必謂无之逃物則道不周矣道而不周則未足以爲道至道若是大言亦然明道不逃物周徧咸三者異名同實其指一也嘗相與遊乎无何有之宮同合而論无所終窮乎若遊有則不能周徧咸也故同合而論之然後知道之无不在知道之无不在然後能曠然无懷而遊彼无窮也嘗相與无爲

馮 皮冰切又普耕反 又步耕反

乎澹而靜乎漠而清乎調而閒乎此皆无為故也寥巳吾志寥然空虛无往焉而不知其所至志苟寥然則无所往矣无往焉故往而不知其所至有往焉則理未動而志巳驚矣去而來不知其所止斯順之也吾巳往來焉而不知其所終但往來不由於知耳不為不往來也往來者自然之常理也其有終乎彷徨乎馮閎大知入焉而不知其所窮馮閎者虛廓之謂也大知遊乎寥廓恣變化之所如故不知也物物者與物无際明物物者无物而物自物耳物自物耳故冥也而物有際者所謂物際者也物有際故每相與不能冥然眞所謂際者也不際之際際之不際者也不際者雖有物物之名直明物之自物耳物物者竟无物也際其安在乎謂盈虛衰殺彼為盈虛非盈虛彼為衰殺非衰殺彼

婀　於河反
得道秋毫
瞋　眠
奓　處野反
嚗　剝
慢　武半反　訑　徒旦反
弇　奄　堈　剛

爲本末非本末彼爲積散非積散也（既明物物者无物又明物之不能自物則爲之者誰乎哉皆忽然而自爾也）婀荷甘與神農同學於老龍吉神農隱几闔戶晝瞑婀荷甘日中奓戶而入曰老龍死矣神農隱几擁杖而起嚗然放杖而笑（起而悟夫死之不足驚故還放杖而笑也）曰天知予僻陋慢訑故棄予而死已矣夫子无所發予之狂言而死矣夫（自肎吾已下皆以至言爲狂而不信也故非老龍連叔之徒莫足與言也）弇堈弔聞之曰夫體道者天下之君子所繫焉（言體道者人之宗主）今於道秋豪之端萬分未得處一焉（秋豪之端細矣又未得其萬分之一）而猶知藏其狂言而

死又況夫體道者乎明夫至道非言之所得也唯在乎自得耳視之无形聽之无聲於人之論者謂之冥冥所以論道而非道也冥冥而猶復非道明道之无名也於是泰清問乎无窮曰子知道乎无窮曰吾不知又問乎无爲无爲曰吾知道曰子之知道亦有數乎曰有曰其數若何无爲曰吾知道之可以貴可以賤可以約可以散此吾所以知道之數也泰清以之言也問乎无始曰若是則无窮之弗知與无爲之知孰是而孰非乎无始曰不知深矣

崔作卬

知之淺矣弗知內矣知之外矣於是泰清中而歎曰弗知乃知乎知乃不知乎孰知不知之知（凡得之不由於知乃冥也）无始曰道不可聞聞而非也道不可見見而非也道不可言言而非也（故默成乎不聞不見之域而後至焉）知形形之不形乎（形自形耳形形者竟无物也）道不當名（有道名而竟无物故名之不能當也）无始曰有問道而應之者不知道也雖問道者亦未聞道（不知故問問之而應則非道也不應則非問者所得故雖問之亦終不聞也）道无問問无應（絕學去教而歸於自然之意也）无問問之是問窮也（所謂責空）无應應之是无內也（實无而假有以應者外矣）以无內

待問窮若是者外不觀乎宇宙內不知乎大初是以不過乎崐崘不遊乎大虛若夫婁落天地遊虛涉遠以入乎冥冥者不應而已矣光曜問乎无有曰夫子有乎其无有乎光曜不得問而孰視其狀貌窅然空然終日視之而不見聽之而不聞搏之而不得也光曜曰至矣其孰能至此乎予能有无矣而未能无无也及爲无有矣何從至此哉此皆絕學之意也於道絕之則夫學者乃在根本中來矣故學之善者其唯不學乎大馬之捶鉤者年八十矣而不失豪芒玷捶鈎之輕重而无豪芒之差也大馬曰子巧與有

大馬司馬也　捶之累反

先物

道與曰臣有守也臣之年二十而好捶鉤於物无視也非鉤无察也是用之者假不用者也以長得其用而況乎无不用者乎物孰不資焉都无懷則物來皆應冉求問於仲尼曰未有天地可知邪仲尼曰可古猶今也言天地常存乃无未有之時冉求失問而退明日復見曰昔者吾問未有天地可知乎夫子曰可古猶今也昔日吾昭然今日吾昧然敢問何謂也仲尼曰昔之昭然也神者先受之虛心以待命斯神受也今之昧然也且又爲不

神者求邪 思求更致不了 无古无今无始无終 非唯无不得化而爲有也有亦不得化而爲无矣是以夫有之爲物雖千變萬化而不得一爲无也不得一爲无故自古无未有之時而常存也 未有子孫而有子孫可乎 言世世无極 冉求未對仲尼曰已矣未應矣不以生生死 夫死者獨化而死耳非夫生者生此死也 不以死死生 生者亦獨化而生耳 死生有待邪 獨化而足 皆有所一體 死與生各自成體 有先天地生者物邪物物者非物物出不得先物也猶其有物也猶其有物也无已 誰得先物者乎哉吾以陰陽爲先物而陰陽者即所謂物耳誰又先陰陽者乎吾以自然爲先之而自然即物之自爾耳吾以至道爲先之矣而至道者乃至无也既以无矣又奚爲先然則先物者誰乎哉而猶有物无已明物之自然非有使然也 聖人之愛人也終无已者亦乃取

於是者也取於自爾故恩流百代而不廢也顏淵問乎仲尼曰回嘗聞諸夫子曰无有所將无有所迎回敢問其遊仲尼曰古之人外化而內不化以心順形而形自化今之人內化而外不化以心使形與物化者一不化者也常无心故一不化一不化乃能與物化耳安化安不化化與不化皆任彼耳斯无心也安與之相靡直无心而恣其自化耳非將迎而靡順之必與之莫多不將不迎則足而止狶韋氏之囿黃帝之圃有虞氏之宮湯武之室言夫无心而任化乃羣聖之所遊處君子之人若儒墨者師故以是非相䪥也而況今之人乎䪥和也夫儒墨之師天下之䪥和者而无心者猶故和之而況其凡乎聖人處

物不傷物(至順也)不傷物者物亦不能傷也(在我而已)唯无所傷者爲能與人相將迎(无心故至順至順故能无所將迎而義冠於將迎也)山林與皋壤與使我欣欣然而樂與(山林皋壤未善於我而我便樂之此爲无故而樂也)樂未畢也哀又繼之(夫无故而樂亦无故而哀也則凡所樂不足樂凡所哀不足哀也)哀樂之來吾不能禦其去弗能止悲夫世人直爲物逆旅耳(不能坐忘自得而爲哀樂所寄也)夫知遇而不知所不遇(知之所遇者即知之知之所不遇者即不知也)知能能而不能所不能(所不能者不能强能也由此觀之知與不知能與不能制不由我也當付之自然耳)无知无能者固人之所不免也(受生各有分也)夫務免乎人之所不免者豈

齊才細反

不亦悲哉至言去言至爲去爲皆自得也齊知之所知則淺矣夫由知而後得者假學者耳故淺也

南華眞經卷第七

庚桑楚
去智
挈苦計反又苦結反
畏烏罪反又於鬼反
壘力罪反又良裴反
洒素殄反又悉禮反

南華眞經卷第八

莊子雜篇庚桑楚第二十三　郭象注

老聃之役有庚桑楚者偏得老聃之道以北居畏壘之山其臣之畫然知者去之其妾之挈然仁者遠之畫然飾知挈然矜仁擁腫之與居擁腫朴也鞅掌之爲使鞅掌自得居三年畏壘大壤畏壘之民相與言曰庚桑子之始來吾洒然異之異其棄知而任愚今吾日計之而不足歲計之而有餘夫與四時俱者无近功庶幾其聖人乎子胡不相與尸而祝之社而稷之乎庚

杓的又匹幺反又音弔

桑子聞之南面而不釋然弟子異之庚桑子曰弟子何異於予夫春氣發而百草生正得秋而萬寶成夫春與秋豈无得而然哉天道已行矣（夫春秋生成皆得自然之道故不爲也）吾聞至人尸居環堵之室而百姓猖狂不知所如往（直自往耳非由知也）今以畏壘之細民而竊竊焉欲俎豆予于賢人之間我其杓之人邪（不欲爲物標杓）吾是以不釋於老聃之言（聃云功成事遂而百姓皆謂我自爾今畏壘反此故不釋然）弟子曰不然夫尋常之溝巨魚无所還其體而鯢鰌爲之制步仞之

爲其有意

八尺曰尋倍尋曰常

丘陵巨獸无所隱其軀而孽狐爲之祥（弟子謂大人必有豐祿也）且夫尊賢授能先善與利自古堯舜以然而況畏壘之民乎夫子亦聽矣

庚桑子曰小子來夫函車之獸介而離山則不免于罔罟之患吞舟之魚碭而失水則蟻能苦之故鳥獸不厭高魚鼈不厭深（去利遠害乃全）夫全其形生之人藏其身也不厭深眇而已矣（若嬰身於利祿則粗而淺）且夫二子者又何足以稱揚哉（二子謂堯舜）是其於辯也將妄鑿垣牆而殖蓬蒿也（將令後世妄行穿鑿而殖穢亂也）簡

阫普回反

趎昌于反又音疇

髮而櫛數米而炊理錐刀之末也竊竊乎又何足
以濟世哉混然一之无所治爲乃濟舉賢則民相軋將矣拂其性以待其
所尚任知則民相盜貴不足而以知繼之則僞生僞以求生非盜如何之數物
者不足以厚民民之於利甚勤子有殺
父臣有殺君正晝爲盜日中穴阫无所復顧吾
語汝大亂之本必生於堯舜之間其末
存乎千世之後千世之後其必有人與
人相食者也堯舜遺其迹飾僞播其後以致斯弊南榮趎蹴然正
坐曰若趎之年者已長矣將惡乎託業
以及此言邪庚桑子曰全汝形守其分也抱汝

生无攬乎其生之外也无使汝思慮營營若此三年則可以及此言也南榮趎曰目之與形吾不知其異也而盲者不能自見耳之與形吾不知其異也而聾者不能自聞心之與形吾不知其異也而狂者不能自得目與目耳與耳心與心其形相似而所能不同苟有不同則不可強相法效也形之與形亦辟矣未有聞之而物或間之邪欲相求而不能相得兩形雖闢而不能相得將有間也今謂趎曰全汝形抱汝生勿使汝思慮營營趎勉聞道達耳矣早聞形隔故難化也庚桑子曰辭盡矣曰奔蜂不能化藿

蠋 蜀

蠋越雞不能伏鵠卵魯雞固能矣雞之與雞其德非不同也有能與不能者其才固有巨小也今吾才小不足以化子子胡不南見老子南榮趎贏糧七日七夜至老子之所老子曰子自楚之所來乎南榮趎曰唯老子曰子何與人偕來之衆也挾三言而來故南榮趎懼然顧其後老子曰子不知吾所謂乎南榮趎俯而慚仰而歎曰今者吾忘吾荅因失吾問老子曰何謂也南榮趎曰不知乎人謂我朱

朱愚專愚無知之皃

贏音盈

亡人亡喪性情之人　揭竿求海言以矩小之物欲測深大之域也

愁諸本作息

一本无孰字

愚知乎反愁我軀不仁則害人仁則反愁我身不義則傷彼義則反愁我已我安逃此而可此三言者趎之所患也願因楚而問之老子曰向吾見若眉睫之間吾因以得汝矣今汝又言而信之若規規然若喪父母揭竿而求諸海也汝亡人哉惘惘乎汝欲反汝情性而无由入可憐哉南榮趎請入就舍召其所好去其所惡十日自愁復見老子老子曰汝自洒濯孰哉鬱鬱乎然而其中津津

韄 獲又號乙反
揵 其輦反
繆 莫侯反又音綢結也

乎猶有惡也夫外韄者不可繁而捉將內揵內韄者不可繆而捉將外揵（揵關揵也耳目外也）（心術內也夫全形抱生莫若忘其心術遺其耳目若乃聲色韄於外則心術塞於內欲惡韄於內則耳目喪於外固必无得无失而後爲通也）外內韄者道德不能持而況放道而行者乎（偏韄由不可況外內俱韄乎將耳目眩惑於外而心術流蕩於內雖繁手以執之綢繆以持之弗能止也）南榮趎曰里人有病里人問之病者能言其病然其病病者猶未病也若趎之聞大道譬猶飲藥以加病也趎願聞衛生之經而已矣老子曰衛生之經能抱一乎（不離其性）能勿失乎（還自得也）能无卜筮而知吉凶乎（當則吉過則凶无所

嗌益 嗄於邁反 掜五禮反又音藝 瞚音舜

卜也 能止乎（止於分也） 能已乎（无追故迹） 能舍諸人而求諸己乎（全我而不效彼） 能翛然乎（无停迹也） 能侗然乎（无節礙也） 能兒子乎 兒子終日嘷而嗌不嗄和之至也（任聲之自出不由於喜怒） 終日握而手不掜共其德也（任手之自握非獨得也） 終日視而目不瞚偏不在外也（任目之自見非係於色也） 行不知所之（任足之自行无所趣） 居不知所爲（縱體而自任也） 與物委蛇（斯順之也） 而同其波（物波亦波） 是衛生之經已 南榮趎曰然則是至人之德已乎（若能自改而用此言便欲自謂至人之德） 曰非也是乃所謂冰解凍釋者（能乎明非自爾） 夫至人者相與交食乎地

自定

而交樂乎天自无其心皆與物共不以人物利害相攖不相與爲怪不相與爲謀不相與爲事翛然而往侗然而來是謂衛生之經已曰然則是至乎謂已便可得此言而至耶曰未也吾固告汝曰能兒子乎非以此言爲不至也但能聞而學者非自至耳苟不自至則雖聞至言適可以爲經胡可得至哉故學者不至至者不學也兒子動不知所爲行不知所之身若槁木之枝而心若死灰若是者禍亦不至福亦不來禍福无有惡有人災也禍福生於失得人災由於愛惡今槁木死灰无情之至則愛惡失得无自而來宇泰定者發乎天光夫德宇泰然而定則其所發者天光耳非人耀發乎天光者人見其

張本有物見其物四字

人天光自發則人見其人物見其物物各自見而不見彼所以泰然而定也人有脩者乃今有
恒人而脩人則自得矣所以常泰有恒者人舍之天助之常泰故能反居我宅
而自然獲助也人之所舍謂之天民天之所助謂
之天子出則天子處則天民此二者俱以泰然而自得之非為而得之也學者學其所
不能學也行者行其所不能行也辯者
辯其所不能辯也凡所能者雖行非為雖習非學雖言非辯知止乎其
所不能知至矣所不能知不可強知故止斯至也若有不即是
者天鈞敗之意雖欲為為者必敗理終不能備物以將形因其自備而順
其成形藏不虞以生心心自生耳非虞而出之虞者億度之謂敬中以達
彼理自達彼耳非慢中而敬外若是而萬惡至者皆天也天理自有

劉本有妄字

窮通而非人也有爲而發惡者乃是人不足以滑成安之若命故其成不滑不可內於靈臺靈臺者心也清暢故憂患不能入靈臺者有持有持者謂不動於物耳其實非持而不知其所持若知其所持則持之而不可持者也持則失也不見其誠己而發此妄發作每發而不當發而不由己誠何由而當業入而不舍事一不居其分內每更爲失發由己誠乃爲得也爲不善乎顯明之中者人得而誅之爲不善乎幽間之中者鬼得而誅之明乎人明乎鬼者然後能獨行幽顯无愧於心則獨行而不懼券內者行乎无名券分也夫遊於分內者行不由於名券外者志乎期費有益无益期欲損己以爲物也行乎无名者唯庸

滑音骨

有光（本有斯光因而用之）志乎期費者唯賈人也（雖己所无猶借彼而販賣也）人見其跂猶之魁然（夫期費者人已見其跂矣而猶自以爲安）與物窮者物入焉（窮謂終始）與物且者其身之不能容焉能容人（且謂苟外而跂者跂者不立焉能自容不能自容焉能容人人不獲容則去也）不能容人者无親无親者盡人（身且不能容則雖己非己況能有親乎故盡是他人）兵莫憯于志鏌鎁爲下（夫志之所攖燋火凝冰故其爲兵甚於劍戟也）寇莫大於陰陽无所逃於天地之間非陰陽賊之心則使之也（心使氣則陰陽徵結於五藏而所在皆陰陽也故不可逃）道通其分也其成也毁也（成毁无常分而道皆通）所惡乎分者其分也以備（不守其分而求備焉所以惡分也）所以惡乎備者

一作摽

張作出入

其有以備本分不備而有以求備所以惡備也若其本分素備豈惡之哉故出而不反見其鬼不反守其分內則其死不久出而得是謂得死不出而无得乃得生滅而有實鬼之一也已滅其性矣雖有斯生何異於鬼以有形者象无形者而定矣雖有斯形苟能曠然无懷則生全而形定也出无本欻然自生非有本入无竅欻然自死非有根有實而无乎處有長而无乎本剽有所出而无竅者有實言出者自有實耳其所出无根竅以出之有實而无乎處者宇也宇者有四方上下而四方上下未有窮處有長而无本剽者宙也宙者有古今之長而古今之長无極有乎生有乎死有乎出有乎入入出而无見其形死生出入皆欻然自爾无所由故无所見其形是謂天門天門者萬物之都名

也謂之天門猶云衆妙之門也 天門者无有也萬物出乎无有 死生出入皆欻然自爾未有爲之者也然有聚散隱顯故有出入之名徒有名耳竟无出入門其安在乎故以无爲門以无爲門則无門也 有不能以有爲有 夫有之未生以何爲生乎故必自有耳豈有之所能有乎 必出乎无有 此所以明有之不能爲有而自有耳非謂无能爲有也若无能爲有何謂无乎 而无有一无有 一无有則遂无矣无者遂无則有自欻生明矣 聖人藏乎是 任其自生而不生生 古之人其知有所至矣惡乎至有以爲未始有物者至矣盡矣弗可以加矣其次以爲有物矣將以生爲喪也 喪其散而之乎聚也 以死爲反也 還融液也 是以分已 雖欲均之然已分矣 其次曰始无有既而有生生俄而死以无有爲首以生爲體以死爲尻

公文作宗
戴又作戴音戴
膍 毗
胲 古來反
張本有溲字 所留反

孰知有无死生之一守者吾與之爲友是三者雖異公族也或有而无之或有而一之或分而齊之故謂三也此三者雖有盡與不盡然俱能无是非於智中故謂之公族昭景也著戴也甲氏也著封也非一也此四者雖公族然已非一則向之三者已復差之有生黬也直聚氣也披然曰移是既披然而有分則各是其所是矣是无常在故曰移嘗言移是非所言也所是之移已著於言前矣雖然不可知者也不言其移則其移不可知故試言也臘者之有膍胲可散而不可散也物各有用觀室者周於寢廟又適其偃焉偃謂屏廁爲是舉移是寢廟則以饗食燕屏廁則以偃溲當其偃溲則寢廟之是移於屏廁矣故是非之移一彼一此誰能常之故至人因而乘之則均耳請嘗言移是是以生爲本物之變化无時非生生則所在皆本也以知爲師所知雖異而各師其知因以乘

蹍女展反　鷔五報反

辟必領反　勃本又作悖同必妹反

是非 秉是非者无是非也 果有名實 物之名實果各自有 因以已爲質 質主也物各謂己是足以爲是非之主 使人以爲己節 人皆謂己是故莫適 因以死償節 當其所守非直脫也 若然者以用爲知以不用爲愚以徹爲名以窮爲辱 不能隨所遇而安之 移是今之人也 玄古之人无是无非何移之有 是蜩與鷽鳩同於同也 同共是其所同 蹍市人之足則辭以放鷔 稱己脫誤以謝之 兄則以嫗 言嫗詡之 无所辭謝 大親則已矣 明恕素足 故曰至禮有不人 不人者視人若己視人若己則不相辭謝斯乃禮之至也 至義不物 各得其宜則物皆我也 至知不謀 謀而後知非自然知 至仁无親 辟之王藏未曾相親而仁已至也 至信辟金 金玉者小信之質耳至信則除矣 徹志之勃解心之謬去德之累達道之

睨魚計反

塞貴富顯嚴名利六者勃志也容動色理氣意六者謬心也惡欲喜怒哀樂六者累德也去就取與知能六者塞道也此四六者不盪胷中則正正則靜靜則明明則虛虛則无爲而无不爲也盪動也道者德之欽也生者德之光也性者生之質也性之動謂之爲以性自動故稱爲耳此乃眞爲非有爲也爲之僞謂之失知者接也知者謨也知者之所不知猶睨也夫目之能視非知視而視也不知視而視不知知而知耳所以爲自然若知而後爲則知僞也動以不得已之謂德若得已而動則爲強動者耳故失也動無非我

拙僞
佷良

之謂治動而效彼則亂名相反而實相順也有彼我之名故反各
得其實則順羿工乎中微而拙乎使人无已譽
善中則善取譽矣理常俱聖人工乎天而拙乎人任其自然天也有心爲之人也
夫工乎天而佷乎人者唯全人能之工於天即
佷於人矣謂之全人全人則聖人也唯蟲能蟲唯蟲能天能還守蟲即是能天全
人惡天惡人之天而況吾天乎人乎都不知而
任之斯而謂工乎天一雀適羿羿必得之威也威以取物物以逃之以
天下爲之籠則雀无所逃天下之物各有所好所好各得則逃將安在
是故湯以庖人籠伊尹秦穆公以五羊
之皮籠百里奚是故非以其所好籠之

介崔作
削也

智籠　忘形同天　謵習

而可得者无有也介者拸畫外非譽也畫所以飾容貌也刖者之貌既以虧殘則不復以好醜在懷故拸而棄之胥靡登高而不懼遺死生也无賴於生故不畏死夫復謵不餽而忘人不識人之所惜忘人因以爲天人矣无人之情則自然爲天人故敬之而不喜侮之而不怒者唯同乎天和者爲然彼形殘胥靡而猶同乎天和況天和之自然乎出怒不怒則怒出於不怒矣出爲无爲則爲出於无爲矣此故是无不能生有有不能爲生之意也欲静則平氣欲神則順心有爲也欲當則緣於不得已不得已之類聖人之道平氣則静理足順心則神功至緣於不得已則所爲皆當故聖人以斯爲道豈求无爲於恍惚之外哉

拸敕紙　音他紙反亦

徐无鬼　遷善　司馬本作緍山人徐无鬼　掔苦田反又口閑反

莊子雜篇徐无鬼第二十四　郭象注

徐无鬼因女商見魏武侯武侯勞之曰先生病矣苦於山林之勞故乃肯見於寡人徐无鬼曰我則勞於君君有何勞於我君將盈嗜欲長好惡則性命之情病矣君將黜嗜欲掔好惡則耳目病矣嗜欲好惡內外无可我將勞君君有何勞於我武侯超然不對不悅其言少焉徐无鬼曰嘗語君吾相狗也下之質執飽而止是狸德也中之質若視日上之質若亡其一吾相狗又

失逸

不若吾相馬也吾相馬直者中繩曲者中鉤方者中矩圓者中規是國馬也而未若天下馬也天下馬有成材若卹若失若喪其一若是者超軼絶塵不知其所武侯大悅而笑夫眞人之言何遜哉唯物所好之可也徐无鬼出女商曰先生獨何以說吾君乎吾所以說吾君者橫說之則以詩書禮樂從說之則以金板六弢奉事而大有功者不可爲數而吾君未嘗啓齒是直樂鵠以鐘鼓耳故愁今先生何以說吾君使吾君悅若此乎徐无

柱誅矩反　踉良兒反　跫巨恭反

鬼曰吾直告之吾相狗馬耳女商曰若是乎曰子不聞夫越之流人乎去國數日見其所知而喜（各思其本性之所好）去國旬月見所嘗見於國中者喜及期年也見似人者而喜矣不亦去人滋久思人滋深乎（各得主所好則无思无思則忘其所以喜也）夫逃虛空者藜藋柱乎鼪鼬之逕踉位其空聞人足音跫然而喜矣有況乎昆弟親戚之謦欬其側者乎（得所至樂則大悅也）久矣夫莫以真人之言謦欬吾君之側乎（所以未嘗啓齒也夫真人之言所以得吾君性也始得之而喜久得之則忘）徐无鬼見武

侯武侯曰先生居山林食芧栗厭葱韭以賓寡人久矣夫今老邪其欲干酒肉之味邪其寡人亦有社稷之福邪徐无鬼曰无鬼生於貧賤未嘗敢飲食君之酒肉將來勞君也君曰何哉奚勞寡人曰勞君之神與形武侯曰何謂邪徐无鬼曰天地之養也一（不以爲君而恣之无極）登高不可以爲長居下不可以爲短君獨爲萬乘之主以苦一國之民以養耳目鼻口（如此違天地之平也）夫神者不自許也（物與之耳）夫神者好和而

惡姦與物共者和也私自許者姦也夫姦病也故勞之唯君所
病之何也武侯曰欲見先生久矣吾欲
愛民而爲義偃兵其可乎徐无鬼曰不
可愛民害民之始也愛民之迹爲民所尚尚之爲愛愛已僞也爲義偃
兵造兵之本也爲義則名彰名彰則競興競興則喪其眞矣父子君臣懷情相欺雖欲偃兵其可得乎
君自此爲之則殆不成從无爲爲之乃成耳凡成美惡
器也美成於前則僞生於後故成美者乃惡器也君雖爲仁義幾且僞
哉民將以僞繼之耳未肯爲眞也形固造形仁義有形固僞形必作成固有伐
成則顯也變固外戰失其常然君亦必无盛鶴列於麗
譙之間鶴列陳兵也麗譙高樓也无徒驥於錙壇之宮步兵曰徒

大司馬作泰

放心明

但不當爲義愛民耳亦无爲盛兵走馬无藏逆於得得中有逆則失耳无以巧勝人守其朴而朴各有所能則平无以謀勝人率其真知而知各有所長則均无以戰勝人以道應物物服而无勝名夫殺人之士民兼人之土地以養吾私與吾神者其戰不知孰善勝之惡乎在不知以何爲善則雖尅非已勝君若勿已矣脩胷中之誠以應天地之情而勿攖若未能已則莫若脩已之誠夫民死已脫矣君將惡乎用夫偃兵哉甲兵无所陳非偃也

黄帝將見大隗乎具茨之山方明爲御昌寓驂乘張若謵朋前馬昆閽滑稽後車至於襄城之野七聖皆迷无所

問塗聖者名也名生而物迷矣雖欲之乎大隗其可得乎適遇牧馬童子問塗焉曰若知具茨之山乎曰然若知大隗之所存乎曰然黃帝曰異哉小童非徒知具茨之山又知大隗之所存請問爲天下小童曰夫爲天下者亦若此而已矣又奚事焉各自若則无事矣无事乃可以爲天下也予少而自遊於六合之内予適有瞀病有長者教予曰若乘日之車而遊於襄城之野日出而遊日入而息今予病少痊予又且復遊於六合之外夫爲天下亦若此而已予又奚事焉夫爲天下莫過自放任自放任

矣物亦奚攖焉故我无爲而民自化黄帝曰夫爲天下者則誠非吾子之事事由民作雖然請問爲天下今民自得必有道也小童辭黄帝又問小童曰夫爲天下者亦奚以異乎牧馬者哉亦去其害馬者而已矣馬以過分爲害黄帝再拜稽首稱天師而退師夫天然而去其過分則大隗至也知士无思慮之變則不樂辯士无談説之序則不樂察士无淩誶之事則不樂皆囿於物者也不能自得於内而樂物於外故可囿也故各以所樂囿之則萬物不召而自來非強之也招世之士興朝中民之士榮官筋力之士矜難勇敢之士奮患兵革

之士樂戰枯槁之士宿名法律之士廣治禮教之士敬容仁義之士貴際士之不同若此故當之者不可易其方農夫无草萊之事則不比商賈无市井之事則不比能同則事同所以比庶人有旦暮之業則勸業得其志故勸百工有器械之巧則壯事非其巧則惰錢財不積則貪者憂物得所嗜而樂也權勢不尤則夸者悲勢物之徒樂變權勢生於事變遭時有所用不能无爲也凡此諸士用各有時時用則不能自已也苟不遭時則雖欲自用其可得乎故貴賤无常也此皆順比於歲不物於易者也士之所能各有其極若四時之不可易耳故當其時物順其倫次則各有用矣是以順歲則時序易性則不物物而不物非毀如何馳其形性

謬妄

儒姓鄭名緩秉公孫龍字也

潛之萬物終身不反悲夫不守一家之能而之夫萬方以要時利故有觸冒而歸者所以悲也莊子曰射者非前期而中謂之善射天下皆羿也可乎不期而中謂誤中者也非善射也若謂謬中爲善射是則天下皆可謂之羿可乎言不可也惠子曰可莊子曰天下非有公是也而各是其所是天下皆堯也可乎若謂謬中者羿也則私自是者亦可謂堯矣莊子以此明妄中者非羿而自是者非堯惠子曰可莊子曰然則儒墨楊秉四與夫子爲五果孰是邪若皆堯也則五子何爲復相非乎或者若魯遽者邪其弟子曰我得夫子之道矣吾能冬爨鼎而夏造冰矣魯遽曰是直以陽召陽以陰召

廢置也

蹢呈亦反投也

陰非吾所謂道也吾示子乎吾道於是爲之調瑟廢一於堂廢一於室鼓宫宫動鼓角角動音律同矣俱亦以陽召陽而横自以爲是夫或改調一弦於五音无當也隨調而改鼓之二十五弦皆動无聲則无以相動有聲則非同不應今改此一弦而二十五弦皆改其以急緩爲調也未始異於聲而音之君已魯遽以此夸其弟子然亦以同應同耳未爲獨能其事也且若是者邪五子各私所見而是其所是然亦无異於魯遽之夸其弟子而未能相出也惠子曰今夫儒墨楊秉且方與我以辯相拂以辭相鎮以聲而未始吾非也則奚若矣未始吾非者各自是也惠子便欲以此爲至莊子曰齊人蹢子於宋者其

蹢 呈亦反 捉也

命闇也不以宇揵又異國使門者守之出便與手不保其全此齊人之不慈也然亦自以爲是故爲之其求鈃鍾也以束縛乃反以愛鍾器爲是束縛恐其破傷其求唐子也而未始出域有遺類矣唐失也失亡其子而不能遠索遺其氣類而亦未始自非人之自是有斯謬矣夫楚人寄而蹢閽者俱寄止而不能自投於高地也夜半於无人之時而與舟人鬬未始離於岑而足以造於怨也岑岸也夜半獨上人船未離岸已共人鬬言齊楚二人所行若此而未嘗自以爲非今五子自是豈異斯哉

莊子送葬過惠子之墓顧謂從者曰郢人堊漫其鼻端若蠅翼使匠石斲之匠石運斤成風聽而斲之瞑目恣手盡堊而鼻不傷郢人立不失容宋元君

鉤反也亦作拘音同又音枸

聞之召匠石曰嘗試爲寡人爲之匠石曰臣則嘗能斲之雖然臣之質死久矣自夫子之死也吾无以爲質矣吾无與言之矣非夫不動之質忘言之對則雖至言妙斲而无所用之管仲有病桓公問之曰仲父之病病矣可不謂云至於大病則寡人惡乎屬國而可管仲曰公誰欲與公曰鮑叔牙曰不可其爲人絜廉善士也其於不己若者不比之又一聞人之過終身不忘使之治國上且鉤乎君下且逆乎民其得罪於君也將弗

戒驕

恂 舜

搔 本又作搔 素報反

久矣公曰然則孰可對曰勿已則隰朋可其爲人也上忘而下畔高而不亢愧不若黃帝而哀不已若者故无棄人以德分人謂之聖以財分人謂之賢以賢臨人未有得人者也以賢下人未有不得人者也其於國有不聞也其於家有不見也勿已則隰朋可若皆聞見則事鍾於已而羣下无所措手足故遺之可也未能盡遺故僅可也

吳王浮于江登乎狙之山衆狙見之恂然棄而走逃於深蓁有一狙焉委蛇攫搔見巧乎王王射之敏給敏疾也給續括也搏捷矢捷速也矢往雖速而狙猶能搏王

命相者趨射之狙執死王顧謂其友顏不疑曰之狙也伐其巧恃其便以敖予以至此殛也戒之哉嗟乎无以汝色驕人哉顏不疑歸而師董梧以鋤其色去樂辭顯三年而國人稱之（稱其忘巧遺色而任夫素朴）南伯子綦隱几而坐仰天而噓顏成子入見曰夫子物之尤也形固可使若槁骸心固可使若死灰乎曰吾嘗居山穴之口矣當是時也田禾一覩我而齊國之衆三賀之（以得見子綦為榮）我必先之彼故知之我必賣

之彼故鬻之若我而不有之彼惡得而
知之若我而不賣之彼惡得而鬻之嗟
乎我悲人之自喪者吾又悲夫悲人者
吾又悲夫悲人之悲者其後而日遠矣
子綦知夫爲之不足以救彼而適足以傷我故以不悲悲之則其悲稍去而泊然无心枯槁其形所以爲日遠矣仲尼之楚
楚王觴之孫叔敖執爵而立市南宜僚
受酒而祭曰古之人乎於此言已古之言者必於會同
曰丘也聞不言之言矣未之嘗言聖人无言其所言者
百姓之言耳故曰不言之言苟以言爲不言則雖言出於口故爲未之嘗言於此乎言之今將於此言於无言
市南宜僚弄丸而兩家之難解孫叔敖

喙許穢反又丁豆或昌銳反

能一作相

甘寢秉羽而郢人投兵（此二子息訟以默澹泊自若而兵難自解）丘願有喙三尺（苟所言非已則雖終身言故爲未嘗言耳是以有喙三尺未足稱長凡人閉口未是不言）彼之謂不道之道（彼謂二子）此之謂不言之辯（此謂仲尼）故德總乎道之所一（道之所容者雖无方然總其大歸莫過於自得故一也）而言休乎知之所不知至矣（言止其分非至如何）道之所一者德不能同也（各自得耳非相同也而道一也）知之所不能知者辯不能舉也（非其分故不能舉）名若儒墨而凶矣（夫儒墨欲同所不能同舉所不能舉故凶）故海不辭東流大之至也（明受之无所辭所以成大）聖人并包天地澤及天下而不知其誰氏（汎然都任）是故生无爵（有而无之）死无謚（謚所以名功功不在己故非謚而非己有）實不聚（令萬物各知足）名不

相形

歅（因又烏雞反又音煙）

捆（困又口本反子綦子名）

立（功非己爲故名歸於物）此之謂大人（若爲而有之則小矣）狗不以善吠爲良人不以善言爲賢（賢出於性非言所爲）而況爲大乎（夫大愈不可爲而得）夫爲大不足以爲大而況爲德乎（唯自然乃德耳）夫大備矣莫若天地然奚求焉而大備矣（天地大備非求之也）知大備者无求无失无棄不以物易己也（知其自備者不舍己而求物故无求无失无棄也）反己而不窮（反守我理我理自通）循古而不摩（順常性而自至耳非摩拭）大人之誠（不爲而自得故曰誠）

子綦有八子陳諸前召九方歅曰爲我相吾子孰爲祥九方歅曰捆也爲祥子綦瞿然喜曰奚若曰捆也將與國君

牂子郎反牝羊也
宎字又作窔烏弔反又烏了反

同食以終其身子綦索然出涕曰吾子何爲以至於是極也九方歅曰夫與國君同食澤及三族而況父母乎今夫子聞之而泣是禦福也子則祥矣父則不祥子綦曰歅汝何足以識之而梱祥邪盡於酒肉入於鼻口矣而何足以知其所自來吾未嘗爲牧而牂生於奧未嘗好田而鶉生於宎若勿怪何邪（夫所以怪出於不意故也）吾所與吾子遊者遊於天地（不有所爲）吾與之邀樂於天吾與之邀食於地（隨所遇於天地耳邀遇也）吾

償時亮反又音賞

不與之爲事不與之爲謀不與之爲怪
怪異也循常任性脫然自爾吾與之乘天地之誠而不以物
與之相攖斯不爲也吾與之一委蛇而不與之
爲事所宜斯順耳无擇也今也然有世俗之償焉
夫有功於物物乃報之吾不爲功而償之何也凡有怪徵者必有怪行殆
乎非我與吾子之罪幾天與之也今无怪行而有怪徵
故知其天命也吾是以泣也夫爲而然者勿爲則已矣不爲而自至則不可奈何也故泣之无幾
何而使梱之於燕盜得之於道全而鬻
之則難不若刖之則易全恐其逃故不如刖之易售也於是乎
刖而鬻之於齊適當渠公之街然身食

外賢

畜 許六反

覕 薄結反割也

覕 又訓暫見

肉而然齧缺遇許由曰子將奚之曰將逃堯曰奚謂邪曰夫堯畜畜然仁吾恐其爲天下笑後世其人與人相食與仁者爭尚之原故也夫民不難聚也愛之則親利之則至譽之則勸致其所惡則散愛利出乎仁義捐仁義者寡利仁義者衆夫仁義之行唯且无誠仁義既行將僞以爲之且假夫禽貪者器仁義可見則夫貪者將假斯器以獲其志是以一人之斷制利天下若夫仁義各出其情則其斷正一不制乎一人譬之猶一覕也覕割也萬物萬形而以一劑割之則有傷也夫堯知賢人之利天下也而不知其賊天下也夫唯

吁爰反又呼晚反柔皃

偷安

姝 昌朱反

張有長毛之字

奎亦作圭

外乎賢者知之矣外賢則賢不僞有暖姝者有濡需

者有卷婁者所謂暖姝者學一先生之

言則暖暖姝姝而私自悅也自以爲足

矣而未知未始有物也意盡形教豈知我之獨化於玄冥之境哉是以

謂暖姝者也濡需者豕蝨是也擇疏鬣

自以爲廣宮大囿奎蹄曲隈乳間股脚

自以爲安室利處不知屠者之一旦鼓

臂布草操煙火而已與豕俱焦也此以

域進此以域退此其所謂濡需者也非夫通變

邈世之才而偷安乎一時之利者皆豕蝨者也卷婁者舜也羊肉不慕蟻

卷 權 婁 縷 卷婁猶拘攣之

蟻慕羊肉羊肉羶也舜有羶行百姓悅之故三徙成都至鄧之墟而十有萬家堯聞舜之賢舉之童土之地曰冀得其來之澤舜舉乎童土之地年齒長矣聰明衰矣而不得休歸所謂卷婁者也聖人之形不異凡人故耳目之用衰也至於精神則始終常全耳若少則未成及長而衰則聖人之聖曾不崇朝可乎是以神人惡衆至衆自至耳非好而致之衆至則不比不比則不利也明舜之所以有天下蓋於不得已耳豈比而利之故无所甚親无所甚踈抱德煬和以順天下此謂眞人於蟻棄知於魚得計於羊棄意於民則蒙澤於舜則形勞以目

謹壅於容反

自誨

視目以耳聽耳以心復心〔此三者未能无其耳目心意也〕若然者其平也繩〔未能去繩而自平〕其變也循〔未能絶迹而冝會〕古之眞人以天待之〔居无事以待事事斯得〕不以人入天〔以有事求无事事愈荒〕古之眞人得之也生失之也死得之也死失之也生〔死生得失各隨其所居耳於生爲得於死或復爲失未始有常也〕藥也其實菫也桔梗也雞壅也豕零也是時爲帝者也何可勝言〔當其所須則无賤非其時則无貴貴賤有時誰能常也〕句踐也以甲楯三千棲於會稽唯種也能知亡之所以存唯種也不知其身之所以愁故曰鴟目有所適鶴脛有所節

解之也悲（各適一時之用不能靡所不可則有時而失有時而失故有時而悲矣解去也）故曰風之過河也有損焉日之過河也有損焉（有形者自然相與爲累唯外乎形者磨之而不磷）請只風與日相與守河而河以爲未始其攖也（實已損矣而不自覺）恃源而往者也（所以不與見非不損也恃源往也）故水之守土也審影之守人也審物之守物也審（无意則止於分所以爲審）故目之於明也殆耳之於聰也殆心之於殉也殆（有意則无崖故殆）凡能其於府也殆殆之成也不給改（所以貴其无能而任其天然）禍之長也茲萃（萃聚也苟不能忘知則禍之長也多端矣）其反也緣功（反守其性則其功不作而成）其果也待久（欲速則不果）而

棄數

躧 女展反

人以爲己寶不亦悲乎（己寶謂有其知能）故有亡國
戮民无已（皆有其身之禍）不知問是也（不知問禍之所由由乎有心而脩心以救
禍也）故足之於地也踐雖踐恃其所不躧
而後善博也人之知也少雖少恃其所
不知而後知天之所謂也（夫忘天地遺萬物然後蜩翼可得而知也況欲知天
之所謂而可以不无其心哉）知大一知大陰知大目知大均
知大方知大信知大定至矣大一通之（
道也）大陰解之（用其分內則萬事无滯也）大目視之（用萬物之自見亦大目也）
大均緣之（因其本性令各自得則大均也）大方體之（體之使各得其分則萬方俱得所以爲大
方也）大信稽之（命之所期无令越逸斯大信也）大定持之（真不撓則自定故持之以大定

頡下結反　滑乎八反

斯不持也盡有天夫物未有无自然者也循有照循之則明无所作也冥有樞至理有極但當冥之則得其樞要也始有彼始有之者彼也故我述而不作則其解之也似不解之者天解任彼則彼自解之无功故似不解其知之也似不知之也用彼知也不知而後知之我不知則彼知自用彼知自用則天下莫不皆知也其問之也不可以有崖應物宜而无方而不可以无崖各以其分頡滑有實萬物雖頡滑不同而物物各自有實也古今不代各自有故不可相代而不可以虧宜各盡其分也則可不謂有大揚搉乎搉而揚之有大限也闔不亦問是已奚惑然為若問其大搉則物有至分故忘已任物之理可得而知也奚為而惑者此也。以不惑解惑復於不惑是尚大不惑夫惑不可解故尚大不惑愚之至也是以聖人從而任之所以皇王殊迹隨世

則陽

柳進

擉初角反又勑角反

冥眠

爲名也

莊子雜篇則陽第二十五　郭象注

則陽遊於楚夷節言之於王王未之見夷節歸彭陽見王果曰夫子何不譚我於王。王果曰我不若公閱休彭陽曰公閱休奚爲者邪曰冬則擉鼈于江夏則休乎山樊有過而問者曰此予宅也言此者以抑彭陽之進趨夫夷節已不能而況我乎吾又不若夷節夫夷節之爲人也无德而有知不自許以之神其交固顛冥乎富貴之地言己不若夷節之好富貴能交結意盡形名任知以干上也非相助以德相助消也苟進故德薄而名消夫凍者假衣於春暍者反冬乎冷風言己順四時之施不能赴彭陽之意夫楚王之爲人也形尊而嚴其於罪也无赦如虎非夫佞人正德其孰能橈焉故聖人其窮也使家人忘其貧淡然无欲樂足於所遇不以侈靡爲貴而以道德爲榮故其家人不識貧之可苦其達也使王公忘爵祿而化卑輕爵祿而重道德超然坐忘不覺榮之在身故使王公失其所以爲高其於物也與之爲娛矣不以爲物自苦其於人也樂物之通而保己焉通彼而不喪我故或不言而飲人以和人各自得斯飲和矣豈待言哉與人並立而使人化

闇 音閑

望其風而靡之 父子之宜彼其乎歸居 使彼父父子子各歸其所 而
一閒其所施 其所施同天地之德故閒靜而不二 其於人心者若
是其遠也故曰待公閱休 欲其釋楚王而從閱休將以靜泰之風鎮其動心也
聖人達綢繆 所謂玄通 周盡一體矣 无外内而皆洞照 而不
知其然性也 不知其然而自然者非性如何 復命搖作而以天
為師 搖者自搖作者自作莫不復命而師其天然也 人則從而命之也 此非走名
而高其迹帥性而動其迹自高故人不能下其名也 憂乎知而所行恒无幾時
其有止也若之何 任知其行則憂患相繼 生而美者人
與之鑑不告則不知其美於人也 鑑鏡也鑑物无私故
人美之今夫鑑者豈知鑑而鑑邪生而可鑑則人謂之鑑耳若人不相告則莫知其美於人譬之聖人人與之名 若知之若

緡民忍反

不知之若聞之若不聞之其可喜也終无已（夫鑑之可喜由其无情不問知與不知聞與不聞來即鑑之故終无已若鑑由聞知則有時而廢也）人之好之亦无已性也（若性所不好豈能久照）聖人之愛人也人與之名不告則不知其愛人也（聖人无愛若鏡耳然而事濟於物故人與之名若人不相告則莫之知其愛人也）若知之若不知之若聞之若不聞之其愛人也終无已（蕩然以百姓爲芻狗而道合於愛人故能无已若愛之由乎聞知則有時而衰也）人之安之亦无已性也（性之所安故能久）舊國舊都望之暢然（得舊猶暢然況得性乎）雖使丘陵草木之緡（緡合也）入之者十九猶之暢然況見見聞聞者也（見所嘗見聞所嘗聞而猶暢然況體其體用其性也）以十仞

閒閑

洫 溢又許的反 又盧域反

之臺縣衆閒者也衆之所習雖危猶閒況聖人之无危冉相氏得其環中以隨成冉相氏古之聖王也居空以隨物物自成與物无終无始无幾无時忽然與之俱往日與物化者一不化者也日與物化故常无我常无我故常不化也闔嘗舍之言夫爲者何不試舍其所爲乎夫師天而不得師天唯无所師乃得師天與物皆殉其以爲事也若之何雖師天猶未免於殉奚足事哉師天猶不足稱事況又下斯邪夫聖人未始有天未始有人未始有始未始有物與世偕行而不替所行之備而不洫其合之也若之何都无乃冥合湯得其司御門尹登恒爲之傅之委之百官而不與焉從師而不囿任其自聚非囿之也

縱其自散非解之也得其隨成爲之司其名司御之屬亦能隨物之自成也而湯得之
所以名寄於物而功不在己之名贏法得其兩見名法者已過之迹耳非適足也故曰贏然
无心者寄治於羣司則其名迹並見於彼仲尼之盡慮爲之傅之仲尼曰天下何思何
慮慮已盡矣若有纖介之慮豈得寂然不動應感无窮以輔萬物之自然也容成氏曰除日无
歲今所以有歲而存日者爲有死生故也若无死无生則歲日之計除也无內无外无彼我則无內外也魏瑩
與田侯牟約田侯牟背之魏瑩怒將使
人刺之犀首聞而恥之曰君爲萬乘之
君也而以匹夫從讎衍請受甲二十萬
爲君攻之虜其人民係其牛馬使其君
內熱發於背然後拔其國忌也出走然

抶敕一反 折之舌反

後抶其背折其脊季子聞而恥之曰築十仞之城城者既十仞矣則又壞之此胥靡之所苦也今兵不起七年矣此王之基也衍亂人不可聽也華子聞而醜之曰善言伐齊者亂人也善言勿伐者亦亂人也謂伐之與不伐亂人也者又亂人也君曰然則若何曰君求其道而已矣惠子聞之而見戴晉人戴晉人曰有所謂蝸者君知之乎曰然蝸至微而有兩角有國於蝸之左角者曰觸氏有國於蝸之右

惝敞

角者曰蠻氏時相與爭地而戰伏尸數萬逐北旬有五日而後反誠知所爭者若此之細也則天下无爭矣君曰噫其虛言與曰臣請爲君實之君以意在四方上下有窮乎君曰无窮曰知遊心於无窮而反在通達之國人迹所及爲通達謂今四海之內也若存若亡乎君曰然今自以四海爲大然計在无窮之中若有若无也曰通達之中有魏於魏中有梁於梁中有王王與蠻氏有辯乎君曰无辯王與蠻氏俱有限之物耳有限則不問大小俱不得與无窮者計也雖復天地共在无窮之中皆蔑如也況魏中之梁梁中之王而足爭哉客出而君惝然若有亡也自悼所爭者細客出惠子見君曰

嗃許交反
吷血
遠侒
僕司馬作樸謂聖人坏樸也

客大人也聖人不足以當之惠子曰夫吹管也猶有嗃也吹劒首者吷而已矣堯舜人之所譽也道堯舜於戴晉人之前譬猶一吷也曾不足聞孔子之楚舍於蟻丘之漿其鄰有夫妻臣妾登極者子路曰是稯稯何爲者邪仲尼曰是聖人僕也是自埋於民與民同自藏於畔進不榮華退不枯槁其聲銷損其名也其志无窮現是生也其口雖言其心未嘗言所言者皆世言方且與世違而心不屑與之俱心與世異是陸沈者也人中隱者譬无水而沈也是其市南宜僚邪

齊才細反又如字

治形

鹵魯　莽莫古反又如字

子路請往召之孔子曰已矣彼知丘之著於己也著明也知丘之適楚也以丘爲必使楚王之召己也彼且以丘爲佞人也夫若然者其於佞人也羞聞其言而況親見其身乎而何以爲存不如舍之以從其志子路往視之其室虛矣果逃去也

長梧封人問子牢曰君爲政焉勿鹵莽治民焉勿滅裂鹵莽滅裂輕脫末略不盡其分昔予爲禾耕而鹵莽之則其實亦鹵莽而報予芸而滅裂之其實亦滅裂而報予予來年變齊深其耕而熟耰之功盡其分

无爲之至其禾蘩以滋予終年厭飧莊子聞之曰令人之治其形理其心多有似封人之所謂遁其天離其性滅其情亡其神以衆爲夫遁離滅亡以衆爲之所致也若各至其極則何患也故鹵莽其性者欲惡之孽爲性萑葦萑葦害禾稷欲惡傷正性蒹葭始萌以扶吾形形扶疎則神氣傷尋擢吾性以欲惡引性不止於當並潰漏發不擇所出漂疽疥癰内熱溲膏是也此鹵莽之報也故治性者安可以不齊其至分栢矩學於老聃曰請之天下遊老聃曰已矣天下猶是也又請之老聃曰汝將何始曰始於齊至齊見

辜人焉推而強之解朝服而幕之號天而哭之曰子乎子乎天下有大菑子獨先離之曰莫爲盜莫爲殺人殺人大菑謂曰此以下事大菑既有則雖戒以莫爲其可得已乎榮辱立然後覩所病各自得則无榮辱得失紛紜故榮辱立榮辱立則夸其所謂辱而跂其所謂榮矣奔馳乎夸跂之間非病如何貨財聚然後覩所爭若以知足爲富將何爭乎今立人之所病聚人之所爭窮困人之身使无休時欲无至此得乎上有所好則下不能安其本分古之君人者以得爲在民以失爲在己君莫之失則民自得矣一形猶一物也以正爲在民以枉爲在己君莫之枉則民自正故一形有失其形者退而自責夫物之形

愚一作遇

循物

又寓言孔子六十化同

性何爲而失哉皆由人君撓之以至斯患耳故自責令則不然匿爲物而愚不識反其性匿也用其性顯也故爲物所顯則皆識大爲難而罪不敢爲物所易則皆敢重爲任而罰不勝輕其所任則皆勝遠其塗而誅不至適其足力則皆至民知力竭則以僞繼之將以避誅罰也日出多僞士民安取不僞主日興僞士於何許得其真乎夫力不足則僞知不足則欺財不足則盜盜竊之行於誰責而可乎當責上也蘧伯玉行年六十而六十化亦能順世而不係於彼我故也未嘗不始於是之而卒詘之以非也順物而暢物情之變然也未知今之所謂是之非五十九非也物情之變未始有極萬物有乎

生而莫見其根有乎出而莫見其門无根无門忽爾自然故莫見也唯无其生亡其出者爲能覩其門而測其根也人皆尊其知之所知而莫知恃其知之所不知而後知可不謂大疑乎我所不知物有知之者矣故用物之知則无所不知獨任我知知其寡矣今不恃物以知而自尊其知則物不告我非大疑如何已乎已乎且无所逃不能用彼則寄身无地此所謂然與然乎自謂然者天下未之然也仲尼問於太史大弢伯常騫狶韋曰夫衛靈公飲酒湛樂不聽國家之政田獵畢弋不應諸侯之際其所以爲靈公者何邪大弢曰是因是也靈即是无道之謚也伯常騫曰夫靈公有妻三人

完理

同濫而浴（男女同浴此无禮也）史鰌奉御而進所搏幣而扶翼（以鰌爲賢而奉御之勞故搏幣而扶翼之使其不得終禮此其所以爲肅賢也幣者奉御之物）其慢若彼之甚也見賢人若此其肅也是其所以爲靈公也（欲以肅賢補其私慢靈有二義亦可謂善故仲尼問焉）狶韋曰夫靈公也死卜葬於故墓不吉卜葬於沙丘而吉掘之數仞得石槨焉洗而視之有銘焉曰不馮其子靈公奪而埋之夫靈公之爲靈也久矣（子謂蒯聵也言不馮其子靈公將奪汝處也夫物皆先有其命故來事可知也是以凡所爲者不得不爲凡所不爲者不可得爲而愚者以爲之在已不亦妄乎）之二人何足以識之（徒識已然之見事耳未知已然之出於自然也）少知問於太公調曰

何謂丘里之言太公調曰丘里者合十姓百名而以爲風俗也合異以爲同散同以爲異今指馬之百體而不得馬而馬係於前者立其百體而謂之馬也是故丘山積卑而爲高江河合水而爲大大人合并而爲公无私於天下則天下之風一也是以自外入者有主而不執由中出者有正而不距自外入者大人之化也由中出者民物之性也性各得正故民无違心化必至公故主无所執所以能合丘里而并天下一萬物而夷羣異也四時殊氣天不賜故歲成殊氣自有故能常有若本无之而由天賜則有時而廢五官殊職君不私故國治殊職自有其才故任之耳非私而與之文

武大人不賜故德備文者自文武者自武非大人所賜也若由賜而能則有時而闕矣豈唯文武凡性皆然萬物殊理道不私故无名无名故无爲无爲而无不爲名止於實故无爲實各自爲故无不爲時有終始世有變化故无心者斯順禍福淳淳流行反覆至有所拂者而有所宜於此爲戾於彼或以爲宜自殉殊面各自信其所見不能離也有所正者有所差正於此者或差於彼比于大澤百材皆度无棄材也觀乎大山木石同壇合異以爲同也此之謂丘里之言言於丘里則天下可知少知曰然則謂之道足乎太公調曰不然今計物之數不止於萬而期曰萬物者以數之多者

橋居表反

號而讀之也〔夫有數之物猶不止於萬況无數之數謂道而足耶〕是故天地者形之大者也陰陽者氣之大者也道者爲之公〔物得以通通物无私而強字之曰道〕因其大以號而讀之則可也〔所謂道可道也〕已有之矣乃將得比哉〔名已有矣故乃將无可得而比耶〕則若以斯辯辟猶狗馬其不及遠矣〔今名之辯无不及遠矣故謂道猶未足也必在乎无名无言之域而後至焉雖有名故莫之比也〕少知曰四方之內六合之裏萬物之所生惡起〔問此者或謂道能生之〕太公調曰陰陽相照相蓋相治四時相代相生相殺〔言此皆其自爾非无所生〕欲惡去就於是橋起雌雄片合於是庸有〔凡此事故云爲趣舍近起於陰

片音判又如字

陽之相照四時之相代也安危相易禍福相生緩急相摩聚散以成此名實之可紀精之可志也過此已往至於自然自然之故誰知所以也隨序之相理橋運之相使窮則反終則始此物之所有皆物之所有自然而然耳非无能有之也言之所盡知之所至極物而已物表无所復有故言知不過極物也覩道之人不隨其所廢不原其所起廢起皆自爾无所原隨也此議之所止極於自爾故无所議少知曰季真之莫爲接子之或使二家之議孰正於其情孰徧於其理季真曰道莫爲也接子曰道或使或使者有使物之功也太公調曰雞鳴狗吠是人之所知雖有大知

季真以道爲莫爲接子以道爲或使之故下文辯是二者

不能以言讀其所自化又不能以意其
所將爲物有自然非爲之所能也由斯而觀季眞之言當也斯而析之精至於
无倫大至於不可圍皆不爲而自爾或之使莫之
爲未免於物而終以爲過物有相使亦皆自爾故莫之爲者未爲非物也凡物
云云皆由莫爲而過去或使則實實自使之莫爲則虛无使之也有名
有實是物之居指名實之所在无名无實在物之
虛物之所在其實至虛可言可意言而愈疏故求之於言意之表而後至焉未
生不可忌突然自生制不由我我不能禁已死不可阻忽然自死吾不能違死
生非遠也理不可覩近在身中猶莫見其自爾而欲憂之或之使
莫之爲疑之所假此二者世所至疑也吾觀之本其往

无窮吾求之末其來无止无窮无止言之无也與物同理物理无窮故其言无窮然後與物同理也或使莫爲言之本也與物終始恒不爲而自使然也道不可有有不可无道故不能使有而有者常自然也道之爲名所假而行物所由而行故假名之曰道或使莫爲在物一曲夫胡爲於大方舉一隅便可知言而足則終日言而盡道求道於言意之表則足言而不足則終日言而盡物不能忘言而存意則不足道物之極言默不足以載失道物之極常莫爲而自爾不在言與不言非言非默議有所極極於自爾非言默而議也

南華眞經卷第八

外物　无必

絯　駭

南華眞經卷第九

莊子雜篇外物第二十六　郭象注

外物不可必故龍逢誅比干戮箕子狂惡來死桀紂亡（善惡之所致俱不可必也）人主莫不欲其臣之忠而忠未必信故伍員流于江萇弘死于蜀藏其血三年而化爲碧（精誠之至）人親莫不欲其子之孝而孝未必愛故孝已憂而曾參悲（是以至人无心而應物唯變所適）木與木相摩則然金與火相守則流陰陽錯行則天地大絯於是乎有雷有霆水中有火乃

螴陳又楮允 螴敕盡二反
蜳惇又柱允反
鮒音附

焚大槐（所謂錯行）有甚憂兩陷而无所逃（苟不能忘形則隨形所遭而陷於憂樂左右无宜也）螴蜳不得成（矜之愈重則所在爲難莫知所守故不得成）心若縣於天地之間（所希跂者高而闕也）慰暋沈屯（非清夷平暢也）利害相摩生火甚多（商熱故也）衆人焚和（衆人而遺利則和若利害存懷則其和焚也）月固不勝火（大而明則多累小而明則知分）於是乎有僓然而道盡（唯僓然无己遺形自得道乃盡也）莊周家貧故往貸粟於監河侯監河侯曰諾我將得邑金將貸子三百金可乎莊周忿然作色曰周昨來有中道而呼者周顧視車轍中有鮒魚焉周問之曰鮒魚來子何爲者

僓頽 暋武巾 屯張倫

犗古邁反　趣遠　錎陷　憚丹末反

張有說字

邪對曰我東海之波臣也君豈有斗升之水而活我哉周曰諾我且南遊吳越之王激西江之水而迎子可乎鮒魚忿然作色曰吾失我常與我无所處吾得斗升之水然活耳君乃言此曾不如早索我於枯魚之肆此言當理无小苟其不當雖大何益

任公子爲大鉤巨緇五十犗以爲餌蹲乎會稽投竿東海旦旦而釣期年不得魚已而大魚食之牽巨鉤錎没而下驚揚而奮鬐白波若山海水震蕩聲侔鬼神憚赫千

驚一本作鶩　鉤一本作

制諸設反依字應作淛

輇七全反

迹澈

里任公子得若魚離而腊之自制河以東蒼梧已北莫不厭若魚者已而後世輇才諷說之徒皆驚而相告也夫揭竿累趣灌瀆守鯢鮒其於得大魚難矣飾小説以干縣令其於大達亦遠矣是以未嘗聞任氏之風俗其不可與經於世亦遠矣此言志趣不同故經世之宜小大各有所適也儒以詩禮發冢大儒臚傳曰東方作矣事之何若小儒曰未解裙襦口中有珠詩固有之曰青青之麥生於陵陂生不布施死何含珠爲

張本作拾薪

矜驁

擪乃協反　顪許穢反　控苦江反　趨

接其鬢擪其顪儒以金椎控其頤徐別其頰无傷口中珠詩禮者先王之陳迹也苟非其人道不虛行故夫儒者乃有用之爲姦則迹不足恃也老萊子之弟子出薪遇仲尼反以告曰有人於彼脩上而趨下長上而促下也末僂而後耳耳却近後而上僂視若營四海視之儡然似營他人事者不知其誰氏之子老萊子曰是丘也召而來仲尼至曰丘去汝躬矜與汝容知斯爲君子矣謂仲尼能遺形去知故以爲君子仲尼揖而退受其言也蹙然改容而問曰業可得進乎設問之令老萊明其不可進老萊子曰夫不忍一世之傷而驁萬世之患

（一世爲之則其迹萬世爲患故不可輕也）抑固寠要邪亡其略弗及邪（直任之則民性不寠而皆自有將无弗及之事也）惠以歡爲驁終身之醜（惠之而歡者无惠則醜矣然惠不可長故一惠終身醜也）中民之行進焉耳（言其易進則不可妄惠之）相引以名相結以隱（隱括進之謂也）與其譽堯而非桀不如兩忘而閉其所譽（閉者閉塞）反无非傷也動无非邪也（順之則全靜之則正）聖人躊躇以興事以每成功（事不遠本故其功每成）奈何哉其載焉終矜爾（矜不可載故遺而弗有也）宋元君夜半而夢人被髮闚阿門曰予自宰路之淵予爲清江使河伯之所漁者余且得予元君覺使人占

張成並有易字

余預且子餘反

之曰此神龜也君曰漁者有余且乎左右曰有君曰令余且會朝明日余且朝君曰漁何得對曰且之網得白龜焉其圓五尺君曰獻若之龜龜至君再欲殺之再欲活之心疑卜之曰殺龜以卜吉乃刳龜七十二鑽而无遺筴仲尼曰神龜能見夢於元君而不能避余且之網知能七十二鑽而无遺筴不能避刳腸之患如是則知有所困神有所不及也神知之不足恃也如是夫唯靜然居其所能而不營於外者爲全雖有至知萬人謀之

无用之用

廁 側又音測

不用其知而用衆謀魚不畏網而畏鵜鶘網无情故得魚去小知而大知明小知自私大知任物去善而自善矣去善則善无所慕善无所慕則善者不矯而自善也嬰兒生无石師而能言與能言者處也沉然无習而自能者非跂而學彼也

惠子謂莊子曰子言无用莊子曰知无用而始可與言用矣夫地非不廣且大也人之所用容足耳然則廁足而墊之致黃泉人尚有用乎惠子曰无用莊子曰然則无用之爲用也亦明矣聖應其内當事而發及已言其外以暢事情情暢則事通外明則内用相須之理然也

莊子曰人有能遊且得不遊乎人而不能遊且得

流遁

狶　虛豈反

顫　舒延反

遊乎性之所能不得不爲也性所不能不得強爲故聖人唯莫之制則同焉皆得而不知所以得也夫流遁之志決絕之行噫其非至知厚德之任與非至厚則莫能任其志行而信其殊能也覆墜而不反火馳而不顧人之所好不避是非死生以之雖相與爲君臣時也易世而无以相賤所以爲大齊同故曰至人不留行焉唯所遇而因之故能與化俱夫尊古而卑今學者之流也古无所尊今无所卑而學者尊古而卑今失其原矣且以狶韋氏之流觀今之世夫孰能不波隨時因物乃平泯也唯至人乃能遊於世而不僻當時應務所在爲正順人而不失己本无我也我何失焉彼教不學教因彼性故非學也承意不彼彼意自然故承而用之則夫萬物各全其我目徹爲明耳

內通

跈女展反

鑿存報反

林張作材

徹爲聰，鼻徹爲顫，口徹爲甘，心徹爲知，知徹爲德。凡道不欲壅，壅則哽，哽而不止則跈，當通而塞則理有不泄而相騰踐也。跈則衆害生。生起也。物之有知者恃息，凡根生者无知，亦作恃息也。其不殷，非天之罪。殷當也。夫息不由知，由知然後失當，失當而後不通，故知恃息，息不恃知也。然知欲之用，制之由人，非不得已之符也。天之穿之，日夜无降，通理有常運。人則顧塞其竇。无性任天，竇乃開。胞有重閬，閬空曠也。心有天遊。遊不係也。室无空虛，則婦姑勃谿；爭處也。心无天遊，則六鑿相攘。攘逆。大林丘山之善於人也，亦神者不勝。自然之理有寄物而通也。德溢乎名，夫名高則利深，故脩德者過其當。名溢乎暴，夫禁暴則

誸 賢　銚 七遥反 削也　鎒 乃豆反　眥 子斯反　𡟰 滅　駴 户楷反

（名表於德）謀稽乎誸（誸急也急而後考其謀）知出乎爭（平往則无用知）柴生乎守（柴塞也）官事果乎衆宜（衆之所宜者不一故官事立也）春雨日時草木怒生銚鎒於是乎始脩（夫事物之生皆有由）草木之到植者過半而不知其然（夫事由理發故不覺）靜然可以補病（非不病也）眥𡟰可以休老（非不老也）寧可以止遽（非不遽也）雖然若是勞者之務也非佚者之所未嘗過而問焉（若是猶有勞故佚者超然不顧）聖人之所以駴天下神人未嘗過而問焉（神人即聖人也聖言其外神言其內）賢人所以駴世聖人未嘗過而問焉君子所以駴國賢人未嘗過而問

遠真　蕩性　踆存古蹲字　踣芳附反　忘荃

焉小人所以合時君子不嘗過而問焉
趣步各有分高下各有等演門有親死者以善毀爵爲官
師其黨人毀而死者半慕賞而孝去真遠矣斯尚賢之過也堯與
許由天下許由逃之湯與務光務光怒
之紀他聞之帥弟子而踆於窾水諸侯
弔之三年申徒狄因以踣河其波蕩傷性遂至於此荃
者所以在魚得魚而忘荃蹄者所以在
兔得兔而忘蹄言者所以在意得意而
忘言吾安得夫忘言之人而與之言哉
至於兩聖无意乃都无所言也

寓言

守道

倪（崖又音詣）

莊子雜篇寓言第二十七　郭象注

寓言十九（寄之他人則十言而九見信）重言十七（世之所重則十言而七見信）巵言日出和以天倪（夫巵滿則傾空則仰非特故也況之於言因物隨變唯彼之從故曰日出日出謂日新也日新則盡其自然之分自然之分盡則和也）寓言十九藉外論之（言出於己俗多不受故借外耳肩吾連叔之類皆所借者也）親父不爲其子媒親父譽之不若非其父者也（父之譽子誠多不信然時有信者輒以常嫌見疑故借外論也）非吾罪也人之罪也（己雖信而懷常疑者猶不受寄之彼人則信之人之聽有斯累也）與己同則應不與己同則反（互相非也）同於己爲是之異於己爲非之（三異同處而二異訟其所取是必於不訟者俱異耳而獨信其所是非借外如何）重言十七所以己言也是爲耆艾（以其耆艾故俗共重）

衍 以戰反

之雖使言不借外猶十信其七年先矣而无經緯夲末以期年
耆者是非先也年在物先耳其餘夲末无以待人則非所以先也期待也人而无
以先人无人道也人而无人道是之謂
陳人直是陳久之人耳而俗便共信之此俗之所以爲安故而習常也卮言日出和以
天倪因以曼衍所以窮年夫自然有分而是非无主无主則曼衍矣誰能定之
哉故曠然无懷因而任之所以各終其天年不言則齊齊與言不齊言
與齊不齊也付之於物而就用其言則彼此是非居然自齊若不能因彼而立言以齊之則我與萬物復不齊耳
故曰无言言彼所言故雖有言而我竟不言也言无言終身言未
甞不言雖出吾口皆彼言耳終身不言未甞不言據出我口有
自也而可有自也而不可有自也而然

時化　則陽篇六十化

有自也而不然惡乎然然於然惡乎不然不然於不然惡乎可可於可惡乎不可不可於不可（自由也由彼我之情偏故有可不可）物固有所然物固有所可（各自然各自可）无物不然无物不可（統而言之則无可无不可无可无不可而至也）非卮言日出和以天倪孰得其久（夫唯言隨物制而任其天然之分者能无夭落）萬物皆種也以不同形相禪（雖變化相代原其氣則一）始卒若環（於今爲始者於昨已復爲卒也）莫得其倫（理自爾故莫得）是謂天均天均者天倪也（夫均齊者豈妄哉皆天然之分）

莊子謂惠子曰孔子行年六十而六十化（與時俱也）始時所是卒而非之（時變則俗情亦變乘

蘁悟又五各反

物以遊心者豈異於俗哉未知今之所謂是之非五十九非也變者不停是不可常惠子曰孔子勤志服知也謂孔子勤志服膺而後知非能任其自化也此明惠子不及聖人之韻遠矣莊子曰孔子謝之矣而其未之嘗言謝變化之自爾非知力之所為故隨時任物而不造言也孔子云夫受才乎大本復靈以生若役其才知而不復其本靈則生亡矣鳴而當律言而當法鳴者律之所生言者法之所出而法律者衆之所為聖人就用之耳故无不當而未之嘗言之嘗為也利義陳乎前而好惡是非直服人之口而已矣服用也我无言也我之所言直用人之口耳好惡是非利義之陳未始出吾口也使人乃以心服而不敢蘁立定天下之定口所以宣心既用衆人之口則衆人之心用矣我順衆心則衆心信矣誰敢逆立哉吾因天下之自定而定之又何為乎已乎已乎

係祿

獨化

敘學

吾且不得及彼乎（因而乘之故无不及）曾子再仕而心再化曰吾及親仕三釜而心樂後仕三千鍾不洎吾心悲（洎及也）弟子問于仲尼曰若參者可謂无所縣其罪乎（縣係也謂參仕以爲親无係祿之罪也）曰既已縣矣（係於祿以養也）夫无所縣者可以有哀乎（夫養親以適不問其具若能无係則不以貴賤經懷而平和怡暢盡色養之宜矣）彼視三釜三千鍾如觀雀蚊虻相過乎前也（彼謂无係也夫无係者視榮祿若蚊虻鳥雀之在前而過去耳豈有哀樂於其間哉）

顔成子游謂東郭子綦曰自吾聞子之言一年而野（外權利也）二年而從（不自專也）三年而通（通彼我也）四年而物（與物同也）五年而來

張有私字

（自得也）六年而鬼入（外形骸也）七年而天成（无所復爲）八年而不知死不知生（所遇皆適而安）九年而大妙（妙善也善惡同故无往而不冥此言久聞道知天籟之自然將忽然自忘則穢累日去以至於盡耳）生有爲死也（生而有爲則喪其生）勸公以其死也有自也（自由也由有爲故死由私其生故有爲今所以勸公者以其死之由私耳）而生陽也无自也（夫生之陽遂以其絶迹无爲而忽然獨爾非由有也）而果然乎惡乎其所適惡乎其所不適（然而果然故无適无不適而後皆適皆適而至也）天有歷數地有人據吾惡乎求之（皆已自足）莫知其所終若之何其无命也（理必自終不由於知非命如何）莫知其所始若之何其有命也（不知其所以然而然謂之命似若有意也故又遺命之名以明其自爾而後命理全也）有以相應也若

獨化

叟本作搜亦音叟動貌

之何其无鬼邪理必有應若有神靈以致也无以相應也若之何其有鬼邪理自相應相應不由於故也則雖相應而无靈也衆罔兩問於影曰若向也俯而今也仰向也括而今也被髮向也坐而今也起向也行而今也止何也影曰叟叟也奚稍問也動運自爾无所稍問予有而不知其所以自爾故不知所以予蜩甲也蛇蜕也似之而非也影似形而非形火與日吾屯也陰與夜吾代也彼吾所以有待邪而況乎以有待者乎推而極之則今之所謂有待者卒至於无待而獨化之理彰矣彼來則我與之來彼往則我與之往彼強陽

去驕

睢　呼維反又許圭反
盱　香于反又許吳反又音虛

則我與之強陽強陽者又何以有問乎直自強陽運動相隨往來耳无意不可問也陽子居南之沛老聃西遊於秦邀於郊至於梁而遇老子老子中道仰天而歎曰始以汝爲可教今不可也陽子居不荅至舍進盥漱巾櫛脫屨戶外膝行而前曰向者弟子欲請夫子夫子行不閒是以不敢今閒矣請問其過老子曰而睢睢盱盱而誰與居睢睢盱盱跋扈之貌人將畏難而踈遠大白若辱盛德若不足陽子居蹵然變容曰敬聞命矣其往也舍者迎將

家公主人公也一讀舍者迎將其家爲句

讓王

治内

其家公執席，妻執巾櫛，舍者避席，煬者避竈。尊形自異，故憚而避之也。其反也，舍者與之爭席矣。去其夸矜故也。

莊子雜篇讓王第二十八　　郭象注

堯以天下讓許由許由不受又讓於子州支父子州支父曰以我爲天子猶之可也雖然我適有幽憂之病方且治之未暇治天下也夫天下至重也而不以害其生又況他物乎唯无以天下爲者可以託天下也舜讓天下於子州支伯

處身　自得　高蹈

子州支伯曰予適有幽憂之病方且治
之未暇治天下也故天下大器也而不
以易生此有道者之所以異乎俗者也
舜以天下讓善卷善卷曰余立於宇宙
之中冬日衣皮毛夏日衣葛絺春耕種
形足以勞動秋收斂身足以休食日出
而作日入而息逍遥於天地之間而心
意自得吾何以天下爲哉悲夫子之不
知余也遂不受於是去而入深山莫知
其處舜以天下讓其友石戶之農石戶

之農曰捲捲乎后之爲人葆力之士也以舜之德爲未至也於是夫負妻戴攜子以入於海終身不反也大王亶父居邠狄人攻之事之以皮帛而不受事之以犬馬而不受事之以珠玉而不受狄人之所求者土地也大王亶父曰與人之兄居而殺其弟與人之父居而殺其子吾不忍也子皆勉居矣爲吾臣與爲狄人臣奚以異且吾聞之不以所用養害所養因杖筴而去之民相連而從之

捲　權又音拳

遂成國於岐山之下夫大王亶父可謂
能尊生矣能尊生者雖貴富不以養傷
身雖貧賤不以利累形今世之人居高
官尊爵者皆重失之見利輕亡其身豈
不惑哉越人三世弑其君王子搜患之
逃乎丹穴而越國无君求王子搜不得
從之丹穴王子搜不肯出越人薰之以
艾乘以王輿王子搜援綏登車仰天而
呼曰君乎君乎獨不可以舍我乎王子
搜非惡爲君也惡爲君之患也若王子

惡患

知輕重

搜者可謂不以國傷生矣此固越人之所欲得爲君也韓魏相與爭侵地子華子見昭僖侯昭僖侯有憂色子華子曰今使天下書銘於君之前書之言曰左手攫之則右手廢右手攫之則左手廢然而攫之者必有天下君能攫之乎昭僖侯曰寡人不攫也子華子曰甚善自是觀之兩臂重於天下也身亦重於兩臂韓之輕於天下亦遠矣今之所爭者其輕於韓又遠君固愁身傷生以憂戚

不得也信侯曰善哉教寡人者衆矣未嘗得聞此言也子華子可謂知輕重矣

魯君聞顔闔得道之人也使人以幣先焉顔闔守陋閭苴布之衣而自飯牛魯君之使者至顔闔自對之使者曰此顔闔之家與顔闔對曰此闔之家也使者致幣顔闔對曰恐聽者謬而遺使者罪不若審之使者還反審之復來求之則不得已故若顔闔者眞惡富貴也故曰道之眞以治身其緒餘以爲國家其土

完身

苴 麤又七餘反

土 敕雅反又片賈行賈三反

苴側雅反又知雅反

遠非義

苴以治天下由此觀之帝王之功聖人之餘事也非所以完身養生也今世俗之君子多危身棄生以殉物豈不悲哉凡聖人之動作也必察其所以之與其所以爲今且有人於此以隨侯之珠彈千仞之雀世必笑之是何也則其所用者重而所要者輕也夫生者豈特隨侯之重哉子列子窮容貌有飢色客有言之於鄭子陽者曰列御寇蓋有道之士也居君之國而窮君无乃爲不好士乎

遵法度

説音悦或如字

鄭子陽即令官遺之粟子列子見使者再拜而辭使者去子列子入其妻望之而拊心曰妾聞爲有道者之妻子皆得佚樂今有飢色君過而遺先生食先生不受豈不命邪子列子笑謂之曰君非自知我也以人之言而遺我粟至其罪我也又且以人之言此吾所以不受也其卒民果作難而殺子陽楚昭王失國屠羊説走而從於昭王昭王反國將賞從者及屠羊説屠羊説曰大王失國説

失屠羊大王反國說亦反屠羊臣之爵祿已復矣又何賞之有王曰強之屠羊說曰大王失國非臣之罪故不敢伏其誅大王反國非臣之功故不敢當其賞王曰見之屠羊說曰楚國之法必有重賞大功而後得見今臣之知不足以存國而勇不足以死寇吳軍入郢說畏難而避寇非故隨大王也今大王欲廢法毀約而見說此非臣之所以聞於天下也王謂司馬子綦曰屠羊說居處卑賤

華 胡化反

守節

而陳義甚高子其爲我延之以三旌之
位屠羊說曰夫三旌之位吾知其貴於
屠羊之肆也萬鍾之祿吾知其富於屠
羊之利也然豈可以貪爵祿而使吾君
有妄施之名乎說不敢當願復反吾屠
羊之肆遂不受也原憲居魯環堵之室
茨以生草蓬戶不完桑以爲樞而甕牖
二室褐以爲塞上漏下濕匡坐而弦子
貢乘大馬中紺而表素軒車不容巷往
見原憲原憲華冠縰履杖藜而應門子

縰 所綺反或所買反

養志

貢曰嘻先生何病原憲應之曰憲聞之
无財謂之貧學而不能行謂之病今憲
貧也非病也子貢逡巡而有愧色原憲
笑曰夫希世而行比周而友學以爲人
教以爲己仁義之慝輿馬之飾憲不忍
爲也曾子居衛縕袍无表顏色腫噲手
足胼胝三日不舉火十年不製衣正冠
而纓絶捉衿而肘見納屨而踵決曳縱
而歌商頌聲滿天地若出金石天子不
得臣諸侯不得友故養志者忘形養形

行修

愀子小反

者忘利致道者忘心矣孔子謂顏回曰回來家貧居卑胡不仕乎顏回對曰不願仕回有郭外之田五十畝足以給飦粥郭内之田十畝足以爲絲麻鼓琴足以自娛所學夫子之道者足以自樂也回不願仕孔子愀然變容曰善哉回之意丘聞之知足者不以利自累也審自得者失之而不懼行脩於内者无位而不怍丘誦之久矣今於回而後見之是丘之得也中山公子牟謂瞻子曰身在

趣高　道樂

江海之上心居乎魏闕之下奈何瞻子曰重生重生則利輕中山公子牟曰雖知之未能自勝也瞻子曰不能自勝則從神无惡乎不能自勝而強不從者此之謂重傷重傷之人无壽類矣魏牟萬乘之公子也其隱巖穴也難爲於布衣之士雖未至乎道可謂有其意矣孔子窮於陳蔡之間七日不火食藜羹不糝顏色甚憊而弦歌於室顏回擇菜子路子貢相與言曰夫子再逐於魯削迹於

衛伐樹於宋窮於商周圍於陳蔡殺夫
子者无罪藉夫子者无禁弦歌鼓琴未
嘗絶音君子之无恥也若此乎顔回无
以應入告孔子孔子推琴喟然而歎曰
由與賜細人也召而來吾語之子路子
貢入子路曰如此者可謂窮矣孔子曰
是何言也君子通於道之謂通窮於道
之謂窮今丘抱仁義之道以遭亂世之
患其何窮之爲故内省而不窮於道臨
難而不失其德天寒既至霜雪既降吾

隘陒又於懈反　削一作俏音削消　扢許訖反又巨乙反魚乙反

羞辱

是以知松栢之茂也陳蔡之隘於丘其幸乎孔子削然反琴而弦歌子路扢然執干而舞子貢曰吾不知天之高也地之下也古之得道者窮亦樂通亦樂所樂非窮通也道德於此則窮通爲寒暑風雨之序矣故許由娛於潁陽而共伯得乎丘首舜以天下讓其友北人无擇北人无擇曰異哉后之爲人也居於畎畝之中而遊堯之門不若是而已又欲以其辱行漫我吾羞見之因自投清泠

椆直留反

庚清

之淵［孔子曰士志於仁者有殺身以成仁无求生以害仁夫志尚清遐高風邈世與夫貪利沒命者故有天地之降也］湯將伐桀因卞隨而謀卞隨曰非吾事也湯曰孰可曰吾不知也湯又因務光而謀務光曰非吾事也湯曰孰可曰吾不知也湯曰伊尹何如曰强力忍垢吾不知其他也湯遂與伊尹謀伐桀剋之以讓卞隨卞隨辭曰后之伐桀也謀乎我必以我爲賊也勝桀而讓我必以我爲貪也吾生乎亂世而无道之人再來漫我以其辱行吾不忍數聞也乃自投椆水而

死湯又讓務光曰知者謀之武者遂之仁者居之古之道也吾子胡不立乎務光辭曰廢上非義也殺民非仁也人犯其難我享其利非廉也吾聞之曰非其義者不受其祿无道之世不踐其土況尊我乎吾不忍久見也乃負石而自沈於廬水（舊說曰如卞隨務光者其視天下也若六合外人所不能察也斯則謬矣夫輕天下者不得有所重也苟无所重則无死地矣以天下爲六合之外故當付之堯舜湯武耳淡然无係故汎然從衆得失无槩於懷何自投之爲哉若二子者可以爲殉名慕高矣未可謂外天下也）昔周之興有士二人處於孤竹曰伯夷叔齊二人相謂曰吾聞西方有人似有道

者試往觀焉至於岐陽武王聞之使叔
旦往見之與盟曰加富二等就官一列
血牲而埋之二人相視而笑曰嘻異哉
此非吾所謂道也昔者神農之有天下
也時祀盡敬而不祈喜其於人也忠信
盡治而无求焉樂與政爲政樂與治爲
治不以人之壞自成也不以人之卑自
高也不以遭時自利也今周見殷之亂
而遽爲政上謀而下行貨阻兵而保威
割牲而盟以爲信揚行以悅衆殺伐以

要利是推亂以易暴也吾聞古之士遭治世不避其任遇亂世不爲苟存今天下闇周德衰其並乎周以塗吾身也不如避之以絜吾行二子北至於首陽之山遂餓而死焉若伯夷叔齊者其於富貴也苟可得已則必不賴高節戾行獨樂其志不事於世此二士之節也論語曰伯夷叔齊餓于首陽之下不言其死也而此云死焉亦欲明其守餓以終未必餓死也此篇大意以起高讓遠退之風故被其風者雖貪冒之人乘天衢入紫庭猶時慨然中路而歎況其凡乎故夷許之徒足以當稷契對伊呂矣夫居山谷而弘天下者雖不俱爲聖佐不猶高於蒙埃塵者乎其事雖難爲然其風少弊故可遺也曰夷許之弊安在曰許由之弊使人飾讓以求進遂至乎之噲也伯夷之風使暴虐之君得肆其毒而莫之敢亢也伊呂之弊使天下貪冒之雄敢行篡逆唯

盜跖

聖人无迹故无弊也若以伊呂爲聖人之迹則伯夷叔齊亦聖人之迹也若以伯夷叔齊非聖人之迹邪則伊呂之事亦非聖矣夫聖人因物之自行故无迹然則所謂聖者我本无迹故物得其迹迹得而強名聖則聖者乃无迹之名也

莊子雜篇盜跖第二十九　郭象注

孔子與柳下季爲友柳下季之弟名曰盜跖盜跖從卒九千人橫行天下侵暴諸侯穴室樞戶驅人牛馬取人婦女貪得忘親不顧父母兄弟不祭先祖所過之邑大國守城小國入保萬民苦之孔子謂柳下季曰夫爲人父者必能詔其子爲人兄者必能教其弟若父不能詔

其子兄不能教其弟則无貴父子兄弟之親矣今先生世之才士也弟爲盜跖爲天下害而弗能教也丘竊爲先生羞之丘請爲先生往說之柳下季曰先生言爲人父者必能詔其子爲人兄者必能教其弟若子不聽父之詔弟不受兄之教雖今先生之辯将奈之何哉且跖之爲人也心如涌泉意如飄風強足以距敵辯足以飾非順其心則喜逆其心則怒易辱人以言先生必无往孔子不

聽顔回爲馭子貢爲右往見盜跖盜跖乃方休卒徒太山之陽膾人肝而餔之孔子下車而前見謁者曰魯人孔丘聞將軍高義敬再拜謁者謁者入通盜跖聞之大怒目如明星髮上指冠曰此夫魯國之巧僞人孔丘非邪爲我告之爾作言造語妄稱文武冠枝木之冠帶死牛之脅多辭謬說不耕而食不織而衣搖脣鼓舌擅生是非以迷天下之主使天下學士不反其本妄作孝悌而儌倖

於封侯富貴者也子之罪大極重疾走歸不然我將以子肝益晝餔之膳孔子復通曰丘得幸於季願望履幕下謁者復通盜跖曰使來前孔子趨而進避席反走再拜盜跖盜跖大怒兩展其足案劍瞋目聲如乳虎曰丘來前若所言順吾意則生逆吾心則死孔子曰丘聞之凡天下有三德生而長大美好无雙少長貴賤見而皆恱之此上德也知維天地能辯諸物此中德也勇悍果敢聚衆

率兵此下德也凡人有此一德者足以
南面稱孤矣今將軍兼此三者身長八
尺二寸面目有光脣如激丹齒如齊貝
音中黄鍾而名曰盜跖丘竊爲將軍恥
不取焉將軍有意聽臣臣請南使吴越
北使齊魯東使宋衛西使晉楚使爲將
軍造大城數百里立數十萬户之邑尊
將軍爲諸侯與天下更始罷兵休卒收
養昆弟共祭先祖此聖人才士之行而
天下之願也盜跖大怒曰丘來前夫可

規以利而可諫以言者皆愚陋恒民之謂耳今長大美好人見而悅之者此吾父母之遺德也丘雖不吾譽吾獨不自知邪且吾聞之好面譽人者亦好背而毀之今丘告我以大城衆民是欲規我以利而恒民畜我也安可長久也城之大者莫大乎天下矣堯舜有天下子孫无置錐之地湯武立爲天子而後世絶滅非以其利大故邪且吾聞之古者禽獸多而人民少於是民皆巢居以避之

晝拾橡栗暮栖木上故命之曰有巢氏
之民古者民不知衣服夏多積薪冬則
煬之故命之曰知生之民神農之世卧
則居居起則于于民知其母不知其父
與麋鹿共處耕而食織而衣无有相害
之心此至德之隆也然而黄帝不能致
德與蚩尤戰於涿鹿之野流血百里堯
舜作立羣臣湯放其主武王殺紂自是
之後以强陵弱以衆暴寡湯武以來皆
亂人之徒也今子脩文武之道掌天下

之辯以教後世縫衣淺帶矯言僞行以迷惑天下之主而欲求富貴焉盜莫大於子天下何故不謂子爲盜丘而乃謂我爲盜跖子以甘辭說子路而使從之使子路去其危冠解其長劍而受教於子天下皆曰孔丘能止暴禁非其卒之也子路欲殺衛君而事不成身菹於衛東門之上是子教之不至也子自謂才士聖人邪則再逐於魯削跡於衛窮於齊圍於陳蔡不容身於天下子教子路

菹此患上无以爲身下无以爲人子之道豈足貴邪世之所高莫若黄帝黄帝尚不能全德而戰涿鹿之野流血百里堯不慈舜不孝禹偏枯湯放其主武王伐紂文王拘羑里此六子者世之所高也孰論之皆以利惑其真而強反其情性其行乃甚可羞也世之所謂賢士伯夷叔齊伯夷叔齊辭孤竹之君而餓死於首陽之山骨肉不葬鮑焦飾行非世抱木而死申徒狄諫而不聽負石自投

於河爲魚鼈所食介子推至忠也自割其股以食文公文公後背之子推怒而去抱木而燔死尾生與女子期於梁下女子不來水至不去抱梁柱而死此四子者无異磔犬流豕操瓢而乞者皆離名輕死不念本養壽命者也世之所謂忠臣者莫若王子比干伍子胥子胥沉江比干剖心此二子者世謂忠臣也然卒爲天下笑自上觀之至于子胥比干皆不足貴也丘之所以說我者若告我

以鬼事則我不能知也若告我以人事
者不過此矣皆吾所聞知也今吾告子
以人之情目欲視色耳欲聽聲口欲察
味志氣欲盈人上壽百歲中壽八十下
壽六十除病瘦死喪憂患其中開口而
笑者一月之中不過四五日而已矣天
與地无窮人死者有時操有時之具而
託於无窮之間忽然无異騏驥之馳過
隙也不能悦其志意養其壽命者皆非
通道者也丘之所言皆吾之所棄也亟

料聊　析

去走歸无復言之子之道狂狂伋伋詐巧虛僞事也非可以全眞也奚足論哉孔子再拜趨走出門上車執轡三失目芒然无見色若死灰據軾低頭不能出氣歸到魯東門外適遇柳下季柳下季曰今者闕然數日不見車馬有行色得微往見跖邪孔子仰天而歎曰然柳下季曰跖得无逆汝意若前乎孔子曰然丘所謂无病而自灸也疾走料虎頭編虎須幾不免虎口哉此篇寄明因衆之所欲亡而亡之雖王紂可去也不因衆而獨用己雖盜

路不可御也子張問於滿苟得曰盍不爲行无行則不信不信則不任不任則不利故觀之名計之利而義眞是也若棄名利反之於心則夫士之爲行不可一日不爲乎滿苟得曰无恥者富多信者顯夫名利之大者幾在无恥而信故觀之名計之利而信眞是也若棄名利反之於心則夫士之爲行抱其天乎子張曰昔者桀紂貴爲天子富有天下今謂臧聚曰汝行如桀紂則有作色有不服之心

悖　布内反

者小人所賤也仲尼墨翟窮爲匹夫今
謂宰相曰子行如仲尼墨翟則變容易
色稱不足者士誠貴也故勢爲天子未
必貴也窮爲匹夫未必賤也貴賤之分
在行之美惡滿苟得曰小盜者拘大盜
者爲諸侯諸侯之門義士存焉昔者桓
公小白殺兄入嫂而管仲爲臣田成子
常殺君竊國而孔子受幣論則賤之行
則下之則是言行之情悖戰於胷中也
不亦拂乎故書曰孰惡孰美成者爲首

不成者爲尾子張曰子不爲行即将疏
戚无倫貴賤无義長幼无序五紀六位
将何以爲别乎滿苟得曰堯殺長子舜
流母弟疏戚有倫乎湯放桀武王殺紂
貴賤有義乎王季爲適周公殺兄長幼
有序乎儒者僞辭墨者兼愛五紀六位
将有别乎且子正爲名我正爲利名利
之實不順於理不監於道吾日與子訟
於无約曰小人殉財君子殉名其所以
變其情易其性則異矣乃至於棄其所

爲而殉其所不爲則一也故曰无爲小
人反殉而天无爲君子從天之理若枉
若直相而天極面觀四方與時消息若
是若非執而圓機獨成而意與道徘徊
无轉而行无成而義將失而所爲无赴
而富无殉而成將棄而天比干剖心子
胥抉眼忠之禍也直躬證父尾生溺死
信之患也鮑子立乾申子不自理廉之
害也孔子不見母匡子不見父義之失
也此上世之所傳下世之所語以爲士

者正其言必其其行故服其殃離其患也此章言尚行則行矯貴士則士僞故蔑行賤士以全其内然後行高而士貴耳无足問於知和曰人卒未有不興名就利者彼富則人歸之歸則下之下則貴之夫見下貴者所以長生安體樂意之道也今子獨无意焉知不足邪意知而力不能行邪故推正不忘邪知和曰今夫此人以爲與己同時而生同鄉而處者以爲夫絶俗過世之士焉是專无主正所以覽古今之時是非之分也與俗化世去至重棄至

尊以爲其所爲也此其所以論長生安體樂意之道不亦遠乎慘怛之疾恬愉之安不監於體怵惕之恐欣懽之喜不監於心知爲爲而不知所以爲是以貴爲天子富有天下而不免於患也无足曰夫富之於人无所不利窮美究勢至人之所不得逮賢人之所不能及俠人之勇力而以爲威強秉人之知謀以爲明察因人之德以爲賢良非享國而嚴若君父且夫聲色滋味權勢之於人心

不待學而樂之體不待象而安之夫欲
惡避就固不待師此人之性也天下雖
非我孰能辭之知和曰知者之爲故動
以百姓不違其度是以足而不爭无以
爲故不求不足故求之爭四處而不自
以爲貪有餘故辭之棄天下而不自以
爲廉廉貪之實非以迫外也反監之度
勢爲天子而不以貴驕人富有天下而
不以財戲人計其患慮其反以爲害於
性故辭而不受也非以要名譽也堯舜

嗛口簟反
侅礙

爲帝而雍非仁天下也不以美害生也善卷許由得帝而不受非虛辭讓也不以事害己此皆就其利辭其害而天下稱賢焉則可以有之彼非以興名譽也无足曰必持其名苦體絶甘約養以持生則亦久病長阨而不死者也知和曰平爲福有餘爲害者物莫不然而財其甚者也今富人耳營鍾鼓管籥之聲口嗛於芻豢醪醴之味以感其意遺忘其業可謂亂矣侅溺於馮氣若負重行而

馮 憤憤滿也下同言憤畜不通之氣也

醮 在遙反

刦 許業反

上也可謂苦矣貪財而取慰貪權而取
竭靜居則溺體澤則馮可謂疾矣爲欲
富就利故滿若堵耳而不知避且馮而
不舍可謂辱矣財積而无用服膺而不
舍滿心戚醮求益而不止可謂憂矣內
則疑刦請之賊外則畏寇盜之害內周
樓疏外不敢獨行可謂畏矣此六者天
下之至害也皆遺忘而不知察及其患
至求盡性竭財單以反一日之无故而
不可得也故觀之名則不見求之利則

張有
慰亦作

繚了

不得繚意絶體而爭此不亦惑乎此章言貪足者當知

南華眞經卷第九

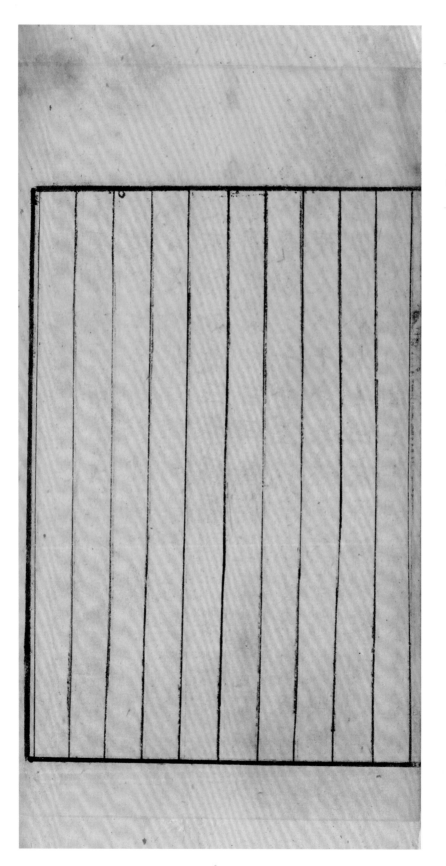

說劍

南華眞經卷第十

莊子雜篇說劍第三十　　郭象注

昔趙文王喜劍，劍士夾門而客三千餘人，日夜相擊於前，死傷者歲百餘人，好之不厭。如是三年，國衰，諸侯謀之。太子悝患之，募左右曰：孰能說王之意止劍士者，賜之千金。左右曰：莊子當能。太子乃使人以千金奉莊子。莊子弗受，與使者俱往見太子，曰：太子何以教周，賜周千金？太子曰：聞夫子明聖，謹奉千金以

難知學

幣從者夫子弗受悝尚何敢言莊子曰
聞太子所欲用周者欲絶王之喜好也
使臣上説大王而逆王意下不當太子
則身刑而死周尚安所事金乎使臣上
説大王下當太子趙國何求而不得也
太子曰然吾王所見唯劒士也莊子曰
諾周善爲劒太子曰然吾王所見劒士
皆蓬頭突鬢垂冠曼胡之纓短後之衣
瞋目而語難王乃悦之今夫子必儒服
而見王事必大逆莊子曰請治劒服治

劒服三日乃見太子太子乃與見王王脫白刃待之莊子入殿門不趨見王不拜王曰子欲何以教寡人使太子先曰臣聞大王喜劒故以劒見王王曰子之劒何能禁制曰臣之劒十步一人千里不留行王大悅之曰天下无敵矣莊子曰夫爲劒者示之以虛開之以利後之以發先之以至願得試之王曰夫子休就舍待命令設戲請夫子王乃校劒士七日死傷者六十餘人得五六人使奉

鐔溪 鋏夾

劒於殿下乃召莊子王曰今日試使士敦劒莊子曰望之久矣王曰夫子所御杖長短何如曰臣之所奉皆可然臣有三劒唯王所用請先言而後試王曰願聞三劒曰有天子劒有諸侯劒有庶人劒王曰天子之劒何如曰天子之劒以燕谿石城爲鋒齊岱爲鍔晉魏爲脊周宋爲鐔韓魏爲鋏包以四夷裹以四時繞以渤海帶以常山制以五行論以刑德開以陰陽持以春夏行以秋冬此劒

直之无前舉之无上案之无下運之无旁上決浮雲下絶地紀此劒一用匡諸侯天下服矣此天子之劒也文王芒然自失曰諸侯之劒何如曰諸侯之劒以知勇士爲鋒以清廉士爲鍔以賢良士爲脊以忠聖士爲鐔以豪桀士爲鋏此劒直之亦无前舉之亦无上案之亦无下運之亦无旁上法圓天以順三光下法方地以順四時中知民意以安四鄉此劒一用如雷霆之震也四封之内无

不賓服而聽從君命者矣此諸侯之劒
也王曰庶人之劒何如曰庶人之劒蓬
頭突鬢垂冠曼胡之纓短後之衣瞋目
而語難相擊於前上斬頸領下決肝肺
此庶人之劒无異於鬭雞一旦命已絶
矣无所用於國事今大王有天子之位
而好庶人之劒臣竊爲大王薄之王乃
牽而上殿宰人上食王三環之莊子曰
大王安坐定氣劒事已畢奏矣於是文
王不出宮三月劒士皆服斃其處也

漁父

揄遥

莊子雜篇漁父第三十一　郭象注

孔子遊乎緇帷之林休坐乎杏壇之上弟子讀書孔子弦歌鼓琴奏曲未半有漁父者下船而來鬚眉交白被髮揄袂行原以上距陸而止左手據膝右手持頤以聽曲終而招子貢子路二人俱對客指孔子曰彼何爲者也子路對曰魯之君子也客問其族子路對曰族孔氏客曰孔氏者何治也子路未應子貢對曰孔氏者性服忠信身行仁義飾禮樂

拏女居反橈也

選人倫上以忠於世主下以化於齊民將以利天下此孔氏之所治也又問曰有土之君與子貢曰非也侯王之佐與子貢曰非也客乃笑而還行言曰仁則仁矣恐不免其身苦心勞形以危其眞嗚呼遠哉其分於道也子貢還報孔子孔子推琴而起曰其聖人與乃下求之至於澤畔方將杖拏而引其船顧見孔子還鄉而立孔子反走再拜而進客曰子將何求孔子曰曩者先生有緒言而

去丘不肖未知所謂竊待於下風幸聞
咳唾之音以卒相丘也客曰嘻甚矣子
之好學也孔子再拜而起曰丘少而脩
學以至於今六十九歲矣无所得聞至
教敢不虛心客曰同類相從同聲相應
固天之理也吾請釋吾之所有而經子
之所以子之所以者人事也天子諸侯
大夫庶人此四者自正治之美也四者
離位而亂莫大焉官治其職人憂其事
乃无所陵故田荒室露衣食不足徵賦

不屬妻妾不和長少无序庶人之憂也
能不勝任官事不治行不清白羣下荒
怠功美不有爵禄不持大夫之憂也廷
无忠臣國家昏亂工技不巧貢職不美
春秋後倫不順天子諸侯之憂也陰陽
不和寒暑不時以傷庶物諸侯暴亂擅
相攘伐以殘民人禮樂不節財用窮匱
人倫不飭百姓淫亂天子有司之憂也
今子既上无君侯有司之勢而下无大
臣職事之官而擅飾禮樂選人倫以化

齊民不泰多事乎。且人有八疵事有四
患不可不察也非其事而事之謂之摠
莫之顧而進之謂之佞希意導言謂之
諂不擇是非而言謂之諛好言人之惡
謂之讒析交離親謂之賊稱譽詐僞以
敗惡人謂之慝不擇善否兩容頰適偷
拔其所欲謂之險此八疵者外以亂人
内以傷身君子不友明君不臣所謂四
患者好經大事變更易常以挂功名謂
之叨專知擅事侵人自用謂之貪見過

不更聞諫愈甚謂之很人同於己則可
不同於己雖善不善謂之矜此四患也
能去八疵无行四患而始可教已孔子
愀然而歎再拜而起曰丘再逐於魯削
迹於衛伐樹於宋圍於陳蔡丘不知所
失而離此四謗者何也客悽然變容曰
甚矣子之難悟也人有畏影惡迹而去
之走者舉足愈數而迹愈多走愈疾而
影不離身自以爲尚遲疾走不休絕力
而死不知處陰以休影處靜以息迹愚

亦甚矣子審仁義之閒察同異之際觀動靜之變適受與之度理好惡之情和喜怒之節而幾於不免矣謹脩而身愼守其眞還以物與人則无所累矣今不脩之身而求之人不亦外乎孔子愀然曰請問何謂眞客曰眞者精誠之至也不精不誠不能動人故強哭者雖悲不哀強怒者雖嚴不威強親者雖笑不和眞悲无聲而哀眞怒未發而威眞親未笑而和眞在内者神動於外是所以貴

眞也其用於人理也事親則慈孝事君則忠貞飲酒則歡樂處喪則悲哀忠貞以功爲主飲酒以樂爲主處喪以哀爲主事親以適爲主功成之美无一其迹矣事親以適不論所以矣飲酒以樂不選其具矣處喪以哀无問其禮矣禮者世俗之所爲也眞者所以受於天也自然不可易也故聖人法天貴眞不拘於俗愚者反此不能法天而恤於人不知貴眞祿祿而受變於俗故不足惜哉子

湛丁南反

之早湛於人僞而晚聞大道也孔子又再拜而起曰今者丘得遇也若天幸然先生不羞而比之服役而身教之敢問舍所在請因受業而卒學大道客曰吾聞之可與往者與之至於妙道不可與往者不知其道愼勿與之身乃无咎子勉之吾去子矣吾去子矣乃刺船而去延緣葦閒顔淵還車子路授綏孔子不顧待水波定不聞拏音而後敢乘子路旁車而問曰由得爲役久矣未嘗見夫

子遇人如此其威也萬乘之主千乘之君見夫子未嘗不分庭伉禮夫子猶有倨敖之容今漁父杖拏逆立而夫子曲要磬折言拜而應得无太甚乎門人皆怪夫子矣漁父何以得此乎孔子伏軾而歎曰甚矣由之難化也湛於禮義有間矣而樸鄙之心至今未去進吾語汝夫遇長不敬失禮也見賢不尊不仁也彼非至人不能下人下人不精不得其真故長傷身惜哉不仁之於人也禍莫

列御寇　瞀茂

大焉而由獨擅之且道者萬物之所由也庶物失之者死得之者生爲事逆之則敗順之則成故道之所在聖人尊之今漁父之於道可謂有矣吾敢不敬乎（此篇言无江海而閒者能下江海之士也夫孔子之所放任豈直漁父而已哉將周流六虛旁通无外蠉動之類咸得盡其所懷而窮理致命固所以爲至人之道也）

莊子雜篇列御寇第三十二　郭象注

列御寇之齊中道而反遇伯昏瞀人伯昏瞀人曰奚方而反曰吾驚焉曰惡乎驚曰吾嘗食於十漿（賣漿之家）而五漿先饋（言其敬己）

李張並有无字

伯昏瞀人曰若是則汝何爲驚已曰夫内誠不解（外自矜飾）形諜成光（舉動便辟而成光儀也）以外鎮人心（其内實不足以服物）使人輕乎貴老（若鎮物由乎内實則使人貴老之情篤也）而齍其所患（言以美形動物則所患亂生也）夫漿人特爲食羹之貨多餘之贏其爲利也薄其爲權也輕而猶若是（權輕利薄可无求於人）而况於萬乘之主乎身勞於國而知盡於事彼將任我以事而效我以功吾是以驚伯昏瞀人曰善哉觀乎汝處已人將保汝矣（苟不遺形則所在見保保者聚守之謂也）无幾何而往則戶外之屨滿矣伯昏瞀

人北面而立敦杖蹙之乎頤立有閒不言而出賓者以告列子列子提屨跣而走暨乎門曰先生既來曾不發藥乎曰已矣吾固告汝曰人將保汝果保汝矣非汝能使人保汝而汝不能使人无保汝也（任乎而化則无感无求无感无求乃不相保）而焉用之感豫出異也（先物施惠惠不因彼豫出則異也）必且有感搖而本性又无謂也（必將有感則與本性動也）與汝遊者又莫汝告也彼所小言盡人毒也（細巧入人爲小言）莫覺莫悟何相孰也巧者勞而知者憂无能者无所求飽

敦音頓

祇氏支司馬云巨移反謂神祇祐之也

文成无胡字

良一作埌音浪冢也

食而遨遊汎若不繫之舟虛而遨遊者
也夫无其能者唯聖人耳過此以下至於昆蟲未有自忘其能而任衆人者也鄭人緩也呻吟
裘氏之地呻吟吟詠之謂祇三年而緩爲儒祇適也河
潤九里澤及三族使其弟墨儒墨相與
辯其父助翟翟緩弟名十年而緩自殺其父夢
之曰使而子爲墨者予也闔胡嘗視其
良既爲秋栢之實矣緩怨其父之助弟故感激自殺死而見夢謂已既能自化爲儒又化弟令
墨弟由已化而不能順已已以良師而便怨死精誠之至故爲秋栢之實夫造物者之報人也
不報其人而報其人之天自此已下莊子辭也夫積習之功爲報報其性不報
其爲也然則學習之功成性而已豈爲之哉彼故使彼彼有彼性故使習彼夫人以已

捽　才骨反

張文並有至字

爲有以異於人以賤其親言緩自美其儒謂已能有積學之功不知其性之自然也夫有功以賤物者不避其親也无其身以平往者貴賤不失其倫也齊人之井飲者相捽也故曰今之世皆緩也夫穿井所以通泉吟詠所以通性也无泉則无所穿无性則无所詠而世皆忘其泉性之自然徒識穿詠之末功因欲矜而有之不亦妄乎自是有德者以不知也而況有道者乎觀緩之謬以爲學父故能任其自爾而知故无爲乎其間也古者謂之遁天之刑仍自然之能以爲已功者逃天者也故刑戮及之聖人安其所安不安其所不安夫聖人无安无不安順百姓之心也衆人安其所不安不安其所安所安相與異故所以爲衆人也莊子曰知道易勿言難知而不言所以之天也知而言之所以之人也古之人天而

泙平又敷盲反又敷耕反
漫末旦莫干二反
家如字本亦作賈又作價皆音嫁
順或作慎
瞋如字又音眠

不人〔知雖落天地未嘗開言以引物也應其至分而已〕朱泙漫學屠龍於支
離益單千金之家三年技成而无所用
其巧〔事在於適无貴於遠功〕聖人以必不必故无兵〔理雖必然〕
〔猶不必之斯至順矣兵其安有〕衆人以不必必之故多兵〔理雖未必抑而必之〕
〔各必其所見則乖逆生〕順於兵故行有求〔物各順性則足足則无求〕兵恃
之則亡〔不得已而用之以恬淡爲上者未之亡也〕小夫之知不離苞苴
竿牘〔苞苴以遺竿牘以問遺問之具小知所殉〕敝精神乎蹇淺〔昏於小務所得者淺〕而
欲兼濟導物太一形虛若是者迷惑于
宇宙形累不知太初〔小夫之知而欲兼濟導物經虛涉遠志大神敝形爲之累則迷惑而失致〕
也彼至人者歸精神乎无始而甘瞑乎

阨於懈反

痤徂禾反

无何有之鄉水流乎无形發泄乎大清泊然无爲而任其天行也悲哉乎汝爲知在豪毛爲知所得者細而不知大寧任性大寧而至宋人有曹商者爲宋王使秦其往也得車數乘王悅之益車百乘反於宋見莊子曰夫處窮閭阨巷困窘織屨槁項黃馘者商之所短也一悟萬乘之主而從車百乘者商之所長也莊子曰秦王有病召醫破癰潰痤者得車一乘舐痔者得車五乘所治愈下得車愈多子豈治其痔邪何得車之多也子

圾魚及反又五臘

行矣（夫事下然後功高功高然後祿重故高遠恬淡者遺榮也）魯哀公問乎顏闔曰吾以仲尼爲貞幹國其有瘳乎曰殆哉圾乎仲尼（圾危也夫至人以民靜爲安今一爲貞幹則遺高迹於萬世令飾競於仁義而彫畫其毛彩百姓旣危至人亦无以爲安也）方且飾羽而畫（凡言方且皆謂後世將然飾畫非任真也）從事華辭以支爲旨（將令後世之從事者死實而意趣横出也）忍性以視民而不知不信（後世人君將慕仲尼之遐軌而遂忍性自矯僞以臨民上下相習遂不自知也）受乎心宰乎神夫何足以上民（令以上民則後世百姓非直外形從之而已乃以心神受而用之不能復自得於體中也）彼宜汝與（彼百姓也汝哀公也彼與汝各自有所宜相效則失真此即今之見驗）予頤與（效彼非所以養巳也）誤而可矣（正不可也）今使民離實學僞非所以視民也爲後世慮不若休之

明不謂當時也難治也治之則僞故聖人不治也施於人而不忘非天布也布而識之非芻狗萬物也商賈不齒況士君子乎雖以事齒之神者弗齒要能施惠故於事不得不齒以其不忘故心神怨之此百姓之大情也爲外刑者金與木也金謂刀鋸斧鉞木謂捶楚桎梏爲內刑者動與過也静而當則外内无刑宵人之離外刑者金木訊之不由明坦之塗者謂之宵人離內刑者陰陽食之動而過分則性氣傷於内金木訊於外也夫免乎外內之刑者唯眞人能之自非眞人未有能止其分者故必外内受刑但不問大小耳孔子曰凡人心險於山川難於知天天猶有春秋冬夏旦暮之期人者厚貌深情故有貌愿而益有長若不

懁環又許兖反又音絹
縵武半反又武諫反
釬胡旦反又音干

肖有順懁而達有堅而縵有緩而釬言人情貌之反有如此者故其就義若渴者其去義若熱但為難知卑未為殊无迹故君子遠使之而觀其忠近使之而觀其敬煩使之而觀其能卒然問焉而觀其知急與之期而觀其信委之以財而觀其仁告之以危而觀其節醉之以酒而觀其則雜之以處而觀其色九徵至不肖人得矣君子易觀不肖難明然視其所以觀其所由察其所安搜之有塗亦可知也正考父一命而傴再命而僂三命而俯循牆而走孰敢不軌言人不敢以不軌之事侮之如而夫者一

吡　匹爾、芳爾二反

俠　於丈反，本亦作央，同。偃俠，分守歸一者也

命而呂鉅，再命而於車上儛，三命而名諸父，孰協唐許！而夫謂凡夫也。唐謂堯也。許謂許由也。言而夫與考父者誰同於唐許之事也。賊莫大乎德有心有心於為德，非真德也。夫真德者，忽然自得而不知所以德也。而心有眼，率心為德，猶之可耳。役心於眉睫之閒，則偽已甚矣。及其有眼也而內視，內視而敗矣。乃欲探射幽隱以深為事，則心與事俱敗矣。凶德有五，中德為首。何謂中德？中德也者，有以自好也而吡其所不為者也。吡，訾也。夫自是而非彼，則攻之者非一，故為凶首也。若中无自好之情，則恣萬物之所是，所是各不自失，則天下皆思奉之矣。窮有八極，達有三必，形有六府。美髯長大壯麗勇敢，八者俱過人也，因以是窮。窮於受役也。然天下未曾窮於所短，而恆以所長自困。緣循偃俠

劉有六者所以相刑也七字
傀呼懷公回三反偉也
肖 肖

困畏不若人三者俱通達緣循杖物而行者也偃佒不能俯執者也困畏怯弱者也此三者既不以事見任乃將接佐之故必達也知慧外通通外則以无崖傷其內也勇動多怨怯而靜乃厚其身耳仁義多責天下皆望其愛然愛之則有不周矣故多責達生之情者傀傀然大恬解之貌達於知者肖肖釋散也達大命者隨泯然與化俱也達小命者遭每在節上住乃悟也人有見宋王者錫車十乘以其十乘驕穉莊子莊子曰河上有家貧恃緯蕭而食者其子沒於淵得千金之珠其父謂其子曰取石來鍛之夫千金之珠必在九重之淵而驪龍頷下子能得珠者必遭其睡也使

驪龍而寤子尚奚微之有哉今宋國之深非直九重之淵也宋王之猛非直驪龍也子能得車者必遭其睡也使宋王而寤子爲虀粉夫夫取富貴必順乎民望也若挾奇說乘天衢以嬰人主之心者明君之所不受也故如有所譽必有所試於斯民不違僉曰舉之以合萬夫之望者此三代所以直道而行之也

或聘於莊子莊子應其使曰子見夫犧牛乎衣以文繡食以芻菽及其牽而入於太廟雖欲爲孤犢其可得乎樂生者畏犧而辭聘髑髏聞生而矉蹙此死生之情異而各自當也

莊子將死弟子欲厚葬之莊子曰吾以天地爲棺槨以日月爲連璧星辰爲珠璣萬

物爲齋送吾葬具豈不備邪何以加此弟子曰吾恐烏鳶之食夫子也莊子曰在上爲烏鳶食在下爲螻蟻食奪彼與此何其偏也以不平平其平也不平（以一家之平平萬物未若任萬物之自平也）以不徵徵其徵也不徵（徵應也不因萬物之自應而欲以其所見應之則必有不合矣）明者唯爲之使（夫執其所見受使多矣安能使物哉）神者徵之（唯任神然後能至順故无往不應也）夫明之不勝神也久矣（明之所及不過於形骸也至順則无遠近幽深皆各自得）而愚者恃其所見入於人其功外也不亦悲乎（夫至順則用發於彼而功藏於物若恃其所見執其自是雖欲入人其功外也）

莊子雜篇天下第三十三　郭象注

天下之治方術者多矣皆以其有爲不可加矣（爲以其有爲則眞爲也爲其眞爲則无僞矣又何加焉）古之所謂道術者果惡乎在曰无乎不在曰神何由降明何由出（神明由事感而後降出）聖有所生王有所成皆原於一（使物各復其根抱一而已无飾於外斯聖王所以生成也）不離於宗謂之天人不離於精謂之神人不離於眞謂之至人以天爲宗以德爲本以道爲門兆於變化謂之聖人（凡此四名一人耳所自言之異）以仁爲恩以義爲理以禮爲行以樂爲和薰然

慈仁謂之君子（此四名之粗迹而賢人君子之所服膺也）以法爲分以名爲表以操爲驗以稽爲決其數一二三四是也百官以此相齒以事爲常以衣食爲主蕃息畜藏老弱孤寡爲意皆有以養民之理也（民理既然故聖賢不逆）古之人其備乎（古之人即向之四名也）配神明醇天地育萬物和天下澤及百姓明於本數係於末度（本數明故末不離）六通四闢小大精粗其運无乎不在（所以爲備）其明而在數度者舊法世傳之史尚多有之（其在數度而可明者雖多有之已疏外也）其在於詩書禮樂者鄒

魯之士搢紳先生多能明之能明其迹耳豈所以迹哉詩以導志書以導事禮以導行樂以導和易以導陰陽春秋以導名分其數散於天下而設於中國者百家之學時或稱而道之皆道古人之陳迹耳尚復不能常稱天下大亂用其迹而无統故也賢聖不明能明其迹又未易也道德不一百家穿鑿天下多得一各信其偏見而不能都舉察焉以自好夫聖人統百姓之大情而因為之制故百姓寄情於所統而自忘其好惡故與一世而得澹漠焉亂則反之人恣其近好家用典法故國異政家殊俗譬如耳目鼻口皆有所明不能相通猶百家衆技也皆有所長時有所用所長不同不得常用雖然不該不徧一曲

之士也（故未足備任也）判天地之美析萬物之理察古人之全（各用其一曲故析判）寡能備於天地之美稱神明之容（况一曲者乎）是故內聖外王之道闇而不明鬱而不發（全人難遇故也）天下之人各爲其所欲焉以自爲方悲夫百家往而不反必不合矣後世之學者不幸不見天地之純古人之大體（大體各歸根抱一則天地之純也）道術將爲天下裂（裂分離也道術流弊遂各奮其方或以主物則物離性以從其上而性命喪矣）不侈於後世不靡於萬物不暉於數度（勤儉則瘁故不暉也）以繩墨自矯（矯厲也）而備世之急（勤而儉則財有餘故急有備）

非樂節用墨
篇之篇名

古之道術有在於是者墨翟禽滑釐聞其風而悅之為之太過已之大循（不復度衆所能也）作為非樂命之曰節用生不歌死无服墨子汎愛兼利而非鬭（夫物不足則以鬭為是今墨子令百姓皆勤儉各有餘故以鬭為非也）其道不怒（但自刻也）又好學而博不異（既自以為是則欲令萬物皆同乎己也）不與先王同（先王則恣其羣異然後同焉皆得而不知所以得也）毁古之禮樂（嫌其侈靡）黄帝有咸池堯有大章舜有大韶禹有大夏湯有大濩文王有辟雍之樂武王周公作武古之喪禮貴賤有儀上下有等天子棺椁七重諸侯五重大夫

㲉苦角户角二反

三重士再重今墨子獨生不歌死不服桐棺三寸而无槨以爲法式以此教人恐不愛人以此自行固不愛己物皆以任力稱情爲愛今以勤儉爲法而爲之太過雖欲饒天下更非所以爲愛也未敗墨子道但非道德雖然歌而非歌哭而非哭樂而非樂是果類乎雖獨成墨而不類萬物之情其生也勤其死也薄其道大㲉㲉无潤也使人憂使人悲其行難爲也恐其不可以爲聖人之道夫聖人之道悅以使民民得性之所樂則悅悅則天下无難矣反天下之心天下不堪墨子雖獨能任奈天下何離於天下其去王也遠矣王者必合天下之懽心而與物俱往也

九　鳩本亦作鳩

腓　肥

跂其逆反　蹻紀畧反

李云麻曰屩木曰屐屐與跂同屩與蹻同一云鞵類也一音居玉反以藉鞵下也

墨子稱道曰昔者禹之湮洪水決江河而通四夷九州也名川三百支川三千小者无數禹親自操橐耜而九雜天下之川腓无胈脛无毛沐甚雨櫛疾風置萬國禹大聖也而形勞天下也如此墨子徒見禹之形勞耳未覩其性之適也使後世之墨者多以裘褐爲衣以跂蹻爲服日夜不休以自苦爲極謂自苦爲盡理之法曰不能如此非禹之道也不足謂墨非其時而守其道所以爲墨也相里勤之弟子五侯之徒南方之墨者苦獲己齒鄧陵子之屬俱誦墨

訾紫 觭紀宜反又音寄

經而倍譎不同相謂別墨以其各守所見則所在无通故於墨之中又相與別也以堅白同異之辯相訾以觭偶不仵之辭相應以巨子爲聖人巨子最能辯其所是以成其行皆願爲之尸尸者主也冀得爲其後世至今不決爲欲係巨子之業也墨翟禽滑釐之意則是意在不侈靡而備世之急斯所以爲是其行則非也爲之太過故也將使後世之墨者必自苦以腓无胈脛无毛相進而已矣亂之上也亂莫大於逆物而傷性也治之下也任衆適性爲上今墨反之故爲下雖然墨子眞天下之好也爲其眞好重聖賢不逆也但不可以教人將求之不得也无輩雖枯槁不舍也所以爲眞好也才士也

忮之豉反逆也害也很也又音支
音泊
鈃形
聏而

夫（非有德也）不累於俗不飾於物不苟於人不忮於衆（忮逆也）願天下之安寧以活民命人我之養畢足而止（不敢望有餘也）以此白心古之道術有在於是者宋鈃尹文聞其風而悅之作爲華山之冠以自表（華山上下均平）接萬物以別宥爲始（不欲令相犯錯）語心之容命之曰心之行以聏合驩以調海内（強以其道聏令合調令和也）請欲置之以爲主（二子請得若此者立以爲物主也）見侮不辱（其於以活民爲急也）救民之鬬禁攻寢兵救世之戰（所謂聏調）以此周行天下上說下教雖天下不取強

聏而不舍者也 聏調之理然也 故曰上下見厭而強見也 所謂不辱 雖然其爲人太多其自爲太少 不因其自化而強以慰之則其功太重也 曰請欲固置五升之飯足矣 斯明自爲之太少也 先生恐不得飽弟子雖飢不忘天下 宋鈃尹文稱天下爲先生自稱爲弟子也 日夜不休曰我必得活哉 謂民亦當報己也 圖傲乎救世之士哉 揮斥高大之貌 曰君子不爲苛察 務寬恕也 不以身假物 必自出其力也 以爲无益於天下者明之不如已也 所以爲救世之士也 以禁攻寢兵爲外以情欲寡淺爲內其小大精粗其行適至是而止 未能經虛涉曠 公而不

黨易而无私決然无主〔各自任也〕趣物而不兩〔物得所趣故一〕不顧於慮不謀於知於物无擇與之俱往古之道術有在於是者彭蒙田駢慎到聞其風而悅之齊萬物以爲首曰天能覆之而不能載之地能載之而不能覆之大道能包之而不能辯之知萬物皆有所可有所不可故曰選則不徧〔都用乃周〕教則不至〔任其性乃至〕道則无遺者矣是故慎到棄知去己而緣不得已泠汰於物以爲道理〔泠汰猶聽放也〕曰知不知將薄知而

从又音
奚又苦迷反
詬又云恥也五米反
髁戶寡反又歎禍反謑髁訛
倪不正之貌王云
謂謹刻也
椎直追反柏普百反
輐五管反又胡亂反又胡管反

後鄰傷之者也謂知力淺不知任其自然故薄之而又鄰傷焉謑髁无任而笑天下之尚賢也不肯當其任而任夫衆人衆人各自能則无爲橫復尚賢也縱脫无行而非天下之大聖欲壞其迹使物不殉椎拍輐斷與物宛轉法家雖妙猶有椎拍輐未泯合舍是與非苟可以免不師知慮不知前後不能知是之與非前之與後睹目恣性苟免當時之患也魏然而已矣任性獨立推而後行曳而後往所謂緣於不得已若飄風之還若羽之旋若磨石之隧全而无非動靜无過未嘗有罪是何故夫无知之物无建己之患无用知之累動靜不離於理是以終身无譽患生於譽譽生於有建

窢 況逼反又火麥反
䡵 五管反又五亂反
斷 丁管反

故曰至於若无知之物而已无用賢聖（唯聖人然後能去知與故循天之理故愚知處宜貴賤當位賢不肖襲情而去无用賢聖所以爲不知道也）夫塊不失道（欲令去知如土塊也亦爲凡物云云皆无緣得道道非徧物也）豪桀相與笑之曰慎到之道非生人之行而至死人之理（夫去知任性然後神明洞照所以爲賢聖也而云土塊乃不失道人若土塊非死如何豪桀所以笑也）適得怪焉（未合至道故爲詭怪）田駢亦然學於彭蒙得不教焉（得自任之道也）彭蒙之師曰古之道人至於莫之是莫之非而已矣（所謂齊萬物以爲首）其風窢然惡可而言（逆風所動之聲）常反人不聚觀（不順民望）而不免於䡵斷（雖立法而䡵斷无圭角也）其所謂道非道而所言之韙不免

濡 如兗反 一音儒

芴 忽

於非（韙是也）彭蒙田駢慎到不知道（道无所不在而去土塊乃不失道所以爲不知）雖然槩乎皆嘗有聞者也（但不至也）以夲爲精以物爲粗以有積爲不足（寄之天下乃有餘也）澹然獨與神明居古之道術有在於是者關尹老聃聞其風而悅之建之以常无有（夫无有何所能建建之以常无有則明有物之自建也）主之以太一（自天地以及羣物皆各自得而己不兼他飾斯非主之以太一邪）以濡弱謙下爲表以空虛不毀萬物爲實關尹曰在己无居（物來則應應而不藏故功隨物去）形物自著（不自是而委萬物故物形各自彰著）其動若水其靜若鏡其應若響（常无情也）芴乎若亡寂乎若清

巋去軌反

同焉者和得焉者失常全者不知所得也未嘗先人而常隨人老聃曰知其雄守其雌爲天下谿知其白守其辱爲天下谷物各自守其分則靜默而已无雄白也夫雄白者非尚勝自顯者邪尚勝自顯豈非逐知過分以殆其生邪故古人不隨无崖之知守其分內而已故其性全其性全然後能及天下能及天下然後歸之如谿谷也人皆取先己獨取後不與萬物爭鋒然後天下樂推而不厭故後其身曰受天下之垢雌辱後下之類皆物之所謂垢人皆取實唯知有之以爲利未知无之以爲用己獨取虛守沖泊以待羣實无藏也故有餘付萬物使各自守故不患其少巋然而有餘獨立自足之謂其行身也徐而不費因民所利而行之隨四時而成之常與道理俱故无疾无費也无爲也而笑巧巧者有爲以傷神器之自成故无爲者因其自生任其自成萬物各得自爲蜘蛛猶能結網則人人自有所能矣无貴於工倕也人皆求福

已獨曲全委順至理則常全故无所求福福已足曰苟免於咎隨物故物不得咎也以深爲根埋根於太初之極不可謂之淺也以約爲紀去甚泰也曰堅則毀矣夫至順則雖金石无堅也迕逆則雖水氣无耎也至順則全迕逆則毀斯正理也銳則挫矣進躁无崖爲銳常寬容於物各守其分則自容有餘也不削於人全真性也可謂至極關尹老聃乎古之博大眞人哉寂漠无形變化无常隨物也死與生與天地並與神明往與任化也芒乎何之忽乎何適无意趣也萬物畢羅莫足以歸故都任置古之道術有在於是者莊周聞其風而悅之以謬悠之說荒唐之言无端崖之辭時恣縱

儻 丁蕩反又敕蕩反　觭 羈又起宜反　敖 五報反　倪 詣　犿 芳袁反又音卞 權又敷晚反　諔 尺叔反

而不儻不以觭見之也（不急欲使物見其意）以天下爲沈濁不可與莊語（累於形名以莊語爲狂而不信故不與也）以危言爲曼衍以重言爲眞以寓言爲廣獨與天地精神往來而不敖倪於萬物（其言通至理正當萬物之性命）不譴是非（已无是非故恣物兩行）以與世俗處（形羣於物）其書雖瓌瑋而連犿无傷也（還與物合故无傷也）其辭雖參差而諔詭可觀（不唯應當時之務故參差）彼其充實不可以已（多所有也）上與造物者遊而下與外死生无終始者爲友其於本也弘大而闢深閎而肆其於宗也可謂調適而上遂矣

蜕悅徐始銳反又敕外反

雖然其應於化而解於物也其理不竭其來不蜕芒乎昧乎未之盡者莊子通以平意說已與說他人无異也案其辭明爲汪汪然禹亦昌言亦何嫌乎此也

惠施多方其書五車其道舛駁其言也不中歷物之意曰至大无外謂之大一至小无内謂之小一无厚不可積也其大千里天與地卑山與澤平日方中方睨物方生方死大同而與小同異此之謂小同異萬物畢同畢異此之謂大同異南方无窮而有窮今日適越而昔來連環可解也我知天下

蹍本又作跈女展反　鑿曹報反　枘如鋭反

之中央燕之北越之南是也氾愛萬物
天地一體也惠施以此爲大觀於天下
而曉辯者天下之辯者相與樂之卵有
毛雞三足郢有天下犬可以爲羊馬有
卵丁子有尾火不熱山出口輪不蹍地
目不見指不至至不絶龜長於蛇矩不
方規不可以爲圓鑿不圍枘飛鳥之景
未嘗動也鏃矢之疾而有不行不止之
時狗非犬黃馬驪牛三白狗黑孤駒未
嘗有母一尺之捶日取其半萬世不竭

柢丁計反 繚了

辯者以此與惠施相應終身无窮桓團
公孫龍辯者之徒飾人之心易人之意
能勝人之口不能服人之心辯者之囿
也惠施日以其知與人之辯特與天下
之辯者爲怪此其柢也然惠施之口談
自以爲最賢曰天地其壯乎施存雄而
无術南方有倚人焉曰黄繚問天地所
以不墜不陷風雨雷霆之故惠施不辭
而應不慮而對徧爲萬物說說而不休
多而无已猶以爲寡益之以怪以反人

駘名

爲實而欲以勝人爲名是以與衆不適也弱於德強於物其塗隩矣由天地之道觀惠施之能其猶一蚉一䖟之勞者也其於物也何庸夫充一尚可曰愈貴道幾矣惠施不能以此自寧散於萬物而不厭卒以善辯爲名惜乎惠施之才駘蕩而不得逐萬物而不反是窮響以聲形與影競走也悲夫昔吾未覽莊子嘗聞論者爭夫尺棰連環之意而皆云莊生之言遂以莊生爲辯者之流案此篇較評諸子至於此章則曰其道舛駁其言不中乃知道聽塗說之傷實也吾意亦謂无經國體致眞所謂无用之談也然膏梁之子均之戲豫或倦於典言而能辯名析理以宣其氣以係其思流於後世使性不邪淫不猶賢於博弈者乎故存而不論以貽好事也

南華眞經卷第十

「十四五」國家重點出版物出版規劃項目

二〇二一—二〇三五年國家古籍工作規劃重點出版項目

中華古籍保護計劃

ZHONG HUA GU JI BAO HU JI HUA CHENG GUO

·成 果·

國家珍貴古籍叢刊

宋本南華真經 一

（晋）郭象 注

國家圖書館出版社

圖書在版編目（CIP）數據

宋本南華真經：全二册 /（晋）郭象注. -- 北京：國家圖書館出版社, 2025.5

（國家珍貴古籍叢刊）

ISBN 978-7-5013-7446-5

Ⅰ.①宋... Ⅱ.①郭... Ⅲ. ①道家 ②《莊子》—注釋 Ⅳ. B223.52

中國版本圖書館CIP數據核字（2022）第008768號

書　　名　宋本南華真經（全二册）
著　　者　（晋）郭　象　注
叢 書 名　國家珍貴古籍叢刊
責任編輯　劉静怡
封面設計　翁　涌

出版發行　國家圖書館出版社（北京市西城區文津街7號　100034）
（原書目文獻出版社　北京圖書館出版社）
010-66114536　63802249　nlcpress@nlc.cn（郵購）
網　　址　http://www.nlcpress.com
排　　版　愛圖工作室
印　　裝　北京雅圖新世紀印刷科技有限公司
版次印次　2025年5月第1版　2025年5月第1次印刷

開　　本　710 × 1000　1/16
印　　張　36.75
書　　號　ISBN 978-7-5013-7446-5
定　　價　240.00圓

《國家珍貴古籍叢刊》編纂委員會

《國家珍貴古籍叢刊》前言

中國古代文獻典籍是中華民族創造的重要文明成果。這些典籍承載着中華五千年的悠久歷史，不僅是中華優秀傳統文化的重要載體之一，還是民族凝聚力和創造力的重要源泉，更是人類珍貴的文化遺産。

黨的十八大以來，以習近平總書記爲核心的黨中央站在實現中華民族偉大復興的戰略高度，對傳承和弘揚中華優秀傳統文化作出一系列重大決策部署。習近平總書記多次圍繞中華優秀傳統文化保護弘揚、挖掘闡發、傳播推廣、融合發展作出重要論述，强調『要加强對中華優秀傳統文化的挖掘和闡發』，讓『書寫在古籍裏的文字都活起來』。二〇二三年，習近平總書記在文化傳承發展座談會上强調，衹有全面深入瞭解中華文明的歷史，纔能更有效地推動中華優秀傳統文化創造性轉化、創新性發展，更有力地推進中國特色社會主義文化建設，建設中華民族現代文明。黨和國家的高度重視和大力支持，把中華珍貴典籍的保護和傳承工作推上了新的歷史高度。

保護好、傳承好、利用好這些文獻典籍，對於傳承和弘揚中華民族優秀傳統文化，維護國家統一和民族團結，推動社會主義文化大發展大繁榮，促進國際文化交流和構建人類命運共同體，都具有十分重要的意義。二〇〇七年，國家啓動了『中華古籍保護計劃』。該計劃在文化和旅游部領導下，由國家古籍保護中心負責實施，十餘年來，古籍保護成效顯著，在社會上産生了極大反響。迄今爲止，國務院先後公布了六批《國家珍貴古籍名録》，收録了全國各藏書機構及個人收藏的珍貴古籍一萬三千零二十六部。

爲深入挖掘這些寶貴的文化遺産，更好地傳承文明、服務社會，科學合理有效地解决古籍收藏與利用的矛盾，二〇二四年，國家古籍保護中心啓動《國家珍貴古籍叢刊》叢書項目。該項目入選《二〇二一—二〇三五年國家古籍工作規劃》重點出版項目，是貫徹落實新時代弘揚中華優秀傳統文化的重要舉措。

本《叢刊》作爲古籍數字化的有益補充，將深藏内閣大庫的善本古籍化身千百，普惠廣大讀者。根據『注重普及、體現價值、避免重複』的原則，從入選第一至六批《國家珍貴古籍名録》的典籍中遴選出『時代早、流傳少、價值高，經典性較强、流傳度較廣』的存世佳槧爲底本，尤其重視『尚未出版過的、版本極具特殊性的、内容膾炙人口的』善本。通過『平民化』的出版方式進行全文高精彩印，以合理的價格、上乘的印刷品質讓大衆看得到、買得起、用得上。旨在用大衆普及活化推廣方式出版國家珍貴古籍，讓這些沉睡在古籍中的文字重新煥發光彩，爲學術界、文化界乃至廣大讀者提供豐富的學術資料和閱讀享受，更爲廣大學者、古籍保護從業人員、古籍收藏愛好者從事學術研究、版本鑒定、保護收藏等提供一部極爲重要的工具書。

本《叢刊》由國家圖書館出版社出版，在編纂過程中，保持古籍的原貌，力求做到影印清晰、編排合理。本《叢刊》不僅全文再現古籍的内容，每部書還附一篇名家提要，爲研究古籍流傳、版本變遷、學術思想等内容，提供重要資料。通過本《叢刊》的出版，我們相信對於推動古籍整理與研究工作、傳承中華優秀傳統文化、增强民族文化自信具有重要意義，也將有助於更多的人瞭解和認識中華文化的博大精深，激發人們對傳統文化的熱愛與傳承意識，爲中華民族的偉大復興貢獻力量。

《國家珍貴古籍叢刊》項目啓動以來，得到專家學者的廣泛關注，以及全國各大圖書館的大力支持。同時，我們也期待更多的學者、專家及廣大讀者能夠關注和支持古籍保護工作，共同爲傳承和弘揚中華優秀傳統文化而努力。

國家古籍保護中心

二〇二四年九月

《國家珍貴古籍叢刊》出版説明

爲更好地傳承文明，服務社會，科學合理有效地解决古籍收藏與利用的矛盾，國家古籍保護中心聯合全國古籍重點保護單位，開展《國家珍貴古籍叢刊》高精彩印出版項目，以促進古籍保護成果的揭示、整理與利用，加强古籍再生性保護和研究。

《叢刊》所選文獻按照『注重普及、體現價值、避免重複』的原則，遴選出『時代早、流傳少、價值高，經典性較强、流傳度較廣』的存世佳槧爲底本高精彩印。按經、史、子、集分類編排，所選每種書均單獨印行，分批陸續出版。各書延聘專家撰寫提要，介紹該文獻著者、基本内容及其學術價值、版本價值，同時説明入選《國家珍貴古籍名録》批次、名録號等；各書編有詳細目録、設置書眉，以便讀者檢索和閲讀；正文前列牌記展示該文獻館藏單位、版本情况和原書尺寸信息。

國家圖書館出版社

二〇二四年九月

（晋）郭象注

南華真經

宋刻本

據國家圖書館藏宋刻本
影印原書版框高二十點
七厘米寬十四點八厘米

《南華真經》十卷，晋郭象注。南宋初刻本。半葉十行，行十五字，小字雙行三十至三十三字不等，白口，左右雙邊。收入第一批《國家珍貴古籍名録》（名録號〇〇九九一）。

《南華真經》即《莊子》。唐代尊崇道教，天寶元年（七四二），玄宗下詔改稱莊子爲南華真人、文子爲通玄真人、列子爲冲虚真人、庚桑子爲洞虚真人，所著書均稱爲『真經』，《莊子》遂以《南華真經》名世。

莊子是戰國中期道家的主要代表人物，名莊周（約公元前三六九—公元前二八六），宋國蒙（今河南商丘）人。一生貧寒，曾做過管理漆園的小吏。據《史記》記載，楚威王曾派使者携厚禮迎莊周爲相，莊周笑謂楚使者曰：『千金，重利；卿相，尊位也。子獨不見郊祭之犧牛乎？養食之數歲，衣以文綉，以入大廟。當是之時，雖欲爲孤豚，豈可得乎？子亟去，無污我。我寧游戲污瀆之中自快，無爲有國者所羈，終身不仕，以快吾志焉。』莊周面對富貴的傲骨和追求自由的人生態度，與《莊子》一書中所闡述的思想是高度一致的。

《莊子》是莊周及其後學的著作彙編。《漢書·藝文志》著録《莊子》有五十二篇，《史記》稱莊子著書十餘萬言。傳世《莊子》共三十三篇，七萬餘字，其中内篇七篇、外篇十五篇、雜篇十一篇。

一般認爲，内篇是莊子的作品，外篇、雜篇是其弟子及後學所撰。

莊子繼承并發揚老子的『道法自然』思想，其哲學以『道』爲核心，把『道』視爲人生所能達到的最高境界，主張順從天道、摒弃人爲。他主張『安命』，以『坐忘』『心齋』『外物』『朝徹』『見獨』等修養方法，在紛亂的世間保持心靈寧静，追求逍遥於『塵垢之外』、游於『無何有之鄉』的精神自由。他抱持樸素的辨證思想，認爲『物無非彼，物無非是』，對立的『彼』與『是』可以相互轉化，主張齊物我、齊是非、齊生死、齊貴賤，『齊萬物而爲一』，嚮慕『天地與我并生，萬物與我爲一』的境界。莊子思想在中國古代哲學、文學、藝術、政治等領域中都有深刻且持久的影響。

《莊子》有濃厚的文學色彩，善用寓言故事，以及比喻、誇張等手法，生動地表達深邃的思想。《莊子》展現了奔放神奇的想象力，創造了姑射山之神、南郭子綦、鯤鵬、大瓠等一大批令人印象深刻的形象，如謂姑射山之神不食五穀，吸風飲露，乘雲御龍，游於四海之外，達到超越自然的絶對自由。《莊子》的想象奇特瑰麗，常出人意表，其行文汪洋恣肆、變化多端，在諸子中獨樹一幟，千百年來膾炙人口。

歷代《莊子》注本甚多。魏晋重清談，《莊子》有崔譔、向秀、司馬彪、郭象等注本。諸本大多亡佚，惟郭象注本流傳至今。郭象（？—三一二），字子玄，洛陽人。少有才，好老莊，善清談。郭象是莊學發展史上承前啓後的關鍵人物，他編訂《莊子》，改造其篇數、篇次，確立了流傳至今的定本三十三篇，并加以詳細注釋，以玄學解釋莊子思想。郭象注本是《莊子》最通行的版本。

此本避宋高宗趙構名諱及其嫌名，不避宋孝宗趙昚嫌名『慎』字，可知其爲高宗朝（一一二七—一一六二）刻本。刻工俞邦、趙褒、鄧亮、詹元等，曾參與刊刻紹興十八年（一一四八）荆湖北路安撫使司本《建康實録》，據此可推知，此本也應刊刻於湖北地區。

此本天頭有朱筆、墨筆批注，多以反切或直音注音，并以崔本、李本、張本、文成本、江南本、元嘉本、别本等多個版本進行校勘。用作校本的有些古本現在已經不存，僅賴此本保存下一些文字差异信息，其校勘價值非常突出。

此本清中期曾爲汪士鐘（約一七八六—？）藏書，鈐有『三十五峰園主人所藏』朱文長方印、『三十五峰園主人』朱文方印、『汪士鐘印』白文方印。後轉入聊城楊氏海源閣，鈐有『楊以增印』白文方印、『至堂』朱文方印、『楊紹和』朱文長方印、『東郡楊氏宋存書室珍藏』朱文方印、『宋存書室』白文長方印。楊紹和（一八三〇—一八七五）《楹書隅録》稱此本『每卷用朱墨筆讎校，記於上方，頗極詳審，惜未署名，然紙色蒼潤，朱墨尤古樸，當是宋雕宋印而經元明間人契勘者也』。民國年間轉歸周叔弢（一八九一—一九八四），鈐有『周暹』白文方印。周叔弢藏有兩部《南華真經》，至爲寶愛，曾顔其藏書室曰『雙南華館』。一九五二年，周叔弢將其所藏善本捐贈北京圖書館（國家圖書館前身），此本爲其中之一。（劉波）

總目録

第一册

第二册

第一册目録

卷四

卷五

南華眞經序

河南郭象字子玄撰

夫莊子者可謂知夲矣故未始藏其狂言言雖無會而獨應者也夫應而非會則雖當无用言非物事則雖高不行與夫寂然不動不得已而後起者固有間矣斯可謂知无心者也夫心无爲則隨感而應應隨其時言唯謹爾故與化爲體流萬代而冥物豈曾設對獨遘而游談乎方外哉此其所以不經而爲百家

之冠也然莊生雖未體之言則至矣通
天地之統序萬物之性達死生之變而
明内聖外王之道上知造物无物下知
有物之自造也其言宏綽其旨玄妙至
至之道融微旨雅泰然遣放放而不敖
故曰不知義之所適猖狂妄行而蹈其
大方含哺而熙乎澹泊鼓腹而游乎混
茫至人極乎无親孝慈終於兼忘禮樂
復乎已能忠信發乎天光用其光則其
朴自成是以神器獨化於玄冥之境而

源深流長也故其長波之所蕩高風之所扇暢乎物宜適乎民願弘其鄙解其懸灑落之功未加而矜夸所以散故觀其書超然自以爲已當經崐崘涉太虛而游惚怳之庭矣雖復貪婪之人進躁之士暫而攬其餘芳味其溢流彷彿其音影猶足曠然有忘形自得之懷况探其遠情而玩永年者乎遂綿邈清遐去離塵埃而返冥極者也

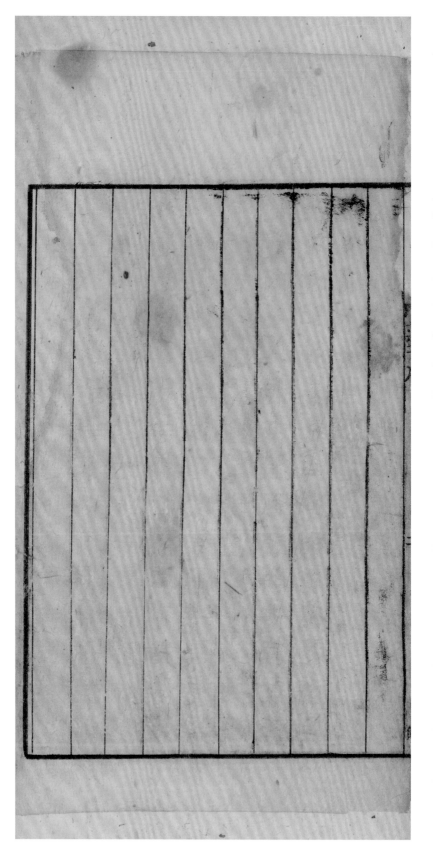

逍遥遊　亦作消搖游

順化逍遥

南華眞經卷第一

莊子内篇逍遥遊第一　郭象注

夫小大雖殊而放於自得之場則物任其性事稱其能各當其分逍遥一也豈容勝負於其間哉

北冥有魚其名爲鯤鯤之大不知其幾千里也化而爲鳥其名爲鵬　鵬鯤之實吾所未詳也夫莊子之大意在乎逍遥遊放无爲而自得故極小大之致以明性分之適達觀之事宜要其會歸而遺其所寄不足事事曲與生說自不害其弘旨皆可略之

鵬之背不知其幾千里也怒而飛其翼若垂天之雲是鳥也海運則將徙於南冥南冥者天池也　非冥海不足以運其身非九萬里不足以負其翼此豈好奇哉直以大物必自生於大處大處亦必自生此大物理固自然不患其失又可措心於其間哉

齊諧者志怪者也諧之

扶搖風名

言曰鵬之徙於南冥也水擊三千里摶扶搖而上者九萬里夫翼大則難舉故摶扶搖而後能上九萬里乃足自勝耳既有斯翼豈得决然而起數仞而下哉此皆不得不然非樂然也去以六月息者也夫大鳥一去半歲至天池而息小鳥一飛半朝搶榆枋而止此比所能則有間矣其於適性一也野馬也塵埃也生物之以息相吹也此皆鵬之所憑以飛者耳野馬者遊氣也天之蒼蒼其正色邪其遠而无所至極邪其視下也亦若是則已矣今觀天之蒼蒼竟未知便是天之正色邪天之為遠而无極邪鵬之自上以視地亦若人之自此視天則止而圖南矣言鵬不知道里之遠近趣足以自勝而逝且夫水之積也不厚則負大舟也无力覆杯水於坳堂之上則芥為之舟置杯焉則膠水淺而舟大

膠 古孝反 又如字

培　裴
閼　於葛反
搶　七良反
枋　方
莽　莫浪反或莫郎反
蒼　七蕩反

鷽音學一音於角反或作鸒音預

也此皆明鵬之所以高飛者翼大故耳夫質小者所資不待大則質大者所用不得小矣故理有至分物有定極各足稱事其濟一也若乃失乎忘生之主而營生於至當之外事不任力動不稱情則雖垂天之翼不能无窮決起之飛不能无困矣風之積也不厚則其負大翼也无力故九萬里則風斯在下矣而後乃今培風背負青天而莫之夭閼者而後乃今將圖南夫所以乃今將圖南者非其好高而慕遠也風不積則夭閼不通故耳此大鵬之逍遥也蜩與鷽鳩笑之曰我決起而飛搶榆枋時則不至而控於地而已矣奚以之九萬里而南爲苟足於其性則雖大鵬无以自貴於小鳥小鳥无羡於天池而榮願有餘矣故小大雖殊逍遥一也適莽蒼者三湌而反腹猶果然適百里者宿舂糧適千里者三

或如字

月聚糧所適彌遠則聚糧彌多故其翼彌大則積氣彌厚也之二蟲又何知二蟲謂鵬蜩也對大於小所以均異趣也夫趣之所以異豈知異而異哉皆不知所以然而自然耳自然耳不爲也此逍遥之大意小知不及大知小年不及大年物各有性性各有極皆如年知豈跂尚之所及哉自此已下至于列子歷舉年知之大小各信其一方未有足以相傾者也然後統以无待之人遺彼忘我冥此羣異異方同得而我无功名是故統小大者无小无大者也苟有乎小大則雖大鵬之與斥鴳宰官之與御風同爲累物耳齊死生者无死无生者也苟有乎死生則雖大椿之與蟪蛄彭祖之與朝菌均於短折耳故遊於无小无大者无窮者也冥乎不死不生者无極者也若夫逍遥而繫於有方則雖放之使遊而有所窮矣未能无待也奚以知其然也朝菌不知晦朔蟪蛄不知春秋此小年也楚之南有冥靈者以五百歲爲春五百歲爲秋上古有大椿者以八千歲爲春八千歲爲秋而彭祖乃今以

極變逍遙

廣古曠反

數色主反下同

司馬云風曲上行若羊角

久特聞衆人匹之不亦悲乎（夫年知不相及若此之懸也比於衆人之所悲亦可悲矣而衆人未嘗悲此者以其性各有極也苟知其極則毫分不可相跂天下又何所悲乎哉夫物未嘗以大欲小而必以小羨大故舉小大之殊各有定分非羨欲所及則羨欲之累可以絕矣夫悲生於累累絕則悲去悲去而性命不安者未之有也）湯之問棘也是已（湯之問棘亦云物各有極任之則條暢故莊子以所問爲是也）窮髮之北有冥海者天池也有魚焉其廣數千里未有知其脩者其名爲鯤有鳥焉其名爲鵬背若太山翼若垂天之雲摶扶搖羊角而上者九萬里絕雲氣負青天然後圖南且適南冥也斥鴳笑之曰彼且奚適也我騰躍而上不過數仞而下翺翔蓬蒿

斥小澤也　鴳於諫反鴳雀也

之間此亦飛之至也而彼且奚適也此
小大之辯也各以得性爲至自盡爲極也向言二蟲殊翼故所至不同或翺翔天池或畢志榆枋直各稱體而足不知
所以然也今言小大之辯各有自然之素既非跂慕之所及亦各安其天性不悲所以異故再出之故夫知效一
官行比一鄉德合一君而徵一國者其
自視也亦若此矣亦猶鳥之自得於一方也而宋榮子猶
然笑之未能齊故有笑且舉世而譽之而不加勸
舉世而非之而不加沮審自定也定乎內外之
分內我而外物辯乎榮辱之境榮己而辱人斯已矣亦不能復
數音朔
過此彼其於世未數數然也足於身故閒於世也雖然猶
有未樹也唯能自是耳未能无所不可也夫列子御風而行泠

辯變也崔本作和

六氣陰陽風雨晦明

然善也泠然輕妙之貌旬有五日而後反苟有待焉則雖御風而行不能以一時而周也彼於致福者未數數然也自然御風行耳非數數然求之也此雖免乎行猶有所待者也非風則不得行斯必有待也唯无所不乘者无待耳若夫乘天地之正而御六氣之辯以遊无窮者彼且惡乎待哉天地者萬物之總名也天地以萬物為體而萬物必以自然為正自然者不為而自然者也故大鵬之能高斥鴳之能下椿木之能長朝菌之能短凡此皆自然之所能非為之所能也不為而自能所以為正也故乘天地之正者即是順萬物之性也御六氣之辯者即是遊變化之塗也如斯以往則何往而有窮哉所遇斯乘又將惡乎待哉此乃至德之人玄同彼我者之逍遥也苟有待焉則雖列子之輕妙猶不能以无風而行故必得其所待然後逍遥耳而況大鵬乎夫唯與物冥而循大變者為能无待而常通豈自通而已哉又順有待者使不失其所待所待不失則同於大通矣故有待无待吾所不能齊也至於各安其性天機自張受而不知則吾所不能殊也夫无待猶不足以殊有待況有待者之巨細乎故曰至人无己无己故順物順物而至矣神

無己逍遥

人无功夫物未嘗有謝生於自然者而必欣賴於針石故理至則迹滅矣今順而不助與至理爲一故无功聖人无名聖人者物得性之名耳未足以名其所以得也堯讓天下於許由曰日月出矣而爝火不息其於光也不亦難乎時雨降矣而猶浸灌其於澤也不亦勞乎夫子立而天下治而我猶尸之吾自視缺然請致天下許由曰子治天下天下既已治也夫能令天下治不治天下者也故堯以不治治之非治之而治者也今許由方明既治則无所代之而治實由堯故有子治之言宜忘言以尋其所況而或者遂云治之而治者堯也不治而堯得以治者許由也斯失之遠矣夫治之由乎不治爲之出乎无爲也取於堯而足豈借之許由哉若謂拱默乎山林之中而後得稱无爲者此莊老之談所以見棄於當塗當塗者自必於有爲之域而不反者斯之由也而我猶代子吾將爲名乎名者實之

無功
逍遥

實也吾將爲實乎夫自任者對物而順物者與物无對故堯无對於天下而許由與稷契爲匹矣何以言其然邪夫與物冥者故羣物之所不能離也是以无心玄應唯感之從汎乎若不繫之舟東西之非己也故无行而不與百姓共者亦无往而不爲天下之君矣以此爲君若天之自高實君之德也若獨亢然立乎高山之頂非夫人有情於自守守一家之偏尚何得專此此故俗中之一物而爲堯之外臣耳若以外臣代乎内主斯有爲君之名而无任君之實也

鷦鷯巢於深林不過一枝偃鼠飲河不過滿腹性各有極苟足其極則餘天下之財也歸休乎君予无所用天下爲均之无用而堯獨有之明夫懷豁者无方故天下樂推而不厭庖人雖不治庖尸祝不越樽俎而代之矣庖人尸祝各安其所司鳥獸萬物各足於所受帝堯許由各靜其所遇此乃天下之至實也各得其實又何所爲乎哉自得而已矣故堯許之地雖異其於逍遥也

肩吾問於連叔曰吾聞言於接輿大而无當往而不反吾驚怖其言猶河漢

庭勑定反
藐音邈又妙紹反
射夜又食亦反
淖昌略反

而无極也大有逕庭不近人情焉連叔曰其言謂何哉曰藐姑射之山有神人居焉肌膚若氷雪淖約若處子此皆寄言耳夫神人即今所謂聖人也夫聖人雖在廟堂之上然其心无異於山林之中世豈識之哉徒見其戴黃屋佩玉璽便謂足以纓紼其心矣見其歷山川同民事便謂足以憔悴其神矣豈知至至者之不虧哉今言王德之人而寄之此山將明世所无由識故乃託之於絕垠之外而推之於視聽之表耳處子者不以外傷內不食五穀吸風飲露俱食五穀而獨為神人明神人者非五穀所為而特稟自然之妙氣乘雲氣御飛龍而遊乎四海之外其神凝使物不疵癘而年穀熟吾以是狂而不信也夫體神居靈而窮理極妙者雖靜默閒堂之裏而玄同四海之表故乘兩儀而御六氣同人羣而驅萬物苟无物而不順則浮雲斯乘矣无形而不載則飛龍斯御矣遺身而自得雖淡然而不待坐忘行忘忘而為之故行若曳枯木止若聚死灰是以云其神凝也其神凝則不凝者自得矣世皆

旁薄剛反礴蒲各反旁薄猶混同也

齊其所見而斷之豈嘗信此哉連叔曰然瞽者无以與乎文章之觀聾者无以與乎鍾鼓之聲豈唯形骸有聾盲哉夫知亦有之不知至言之極妙而以為狂而不信此知之聾盲也是其言也猶時女也謂此接輿之所言者自然為物所求但知之聾盲者謂无此理之人也之德也將旁礴萬物以為一世蘄乎亂孰弊弊焉以天下為事夫聖人之心極兩儀之至會窮萬物之妙數故能體化合變无往不可旁礴萬物无物不然世以亂故求我我无心也我苟无心亦何為不應世哉然則體玄而極妙者其所以會通萬物之性而陶鑄天下之化以成堯舜之名者常以不為為之耳孰弊弊焉勞神苦思以事為事然後能乎之人也物莫之傷夫安於所傷則傷不能傷傷不能傷而物亦不傷之也大浸稽天而不溺大旱金石流土山焦而不熱无往而不安則所在皆適死生无變於已況溺熱之

無名逍遙

斷丁管反

窅烏了反又武駢反窅然猶悵然

適物逍遙

閒哉故至人之不嬰乎禍難非避之也推理直前而自然與吉會是其塵垢粃糠將猶陶鑄堯舜者也孰肯以物爲事堯舜者世事之名耳爲名者非名也故夫堯舜者豈直堯舜而已哉必有神人之實焉今所稱堯舜者徒名其塵垢粃糠耳宋人資章甫而適諸越越人斷髮文身无所用之堯治天下之民平海內之政往見四子藐姑射之山汾水之陽窅然喪其天下焉夫堯之无用天下爲亦猶越人之无所用章甫耳然遺天下者固天下之所宗天下雖宗堯而堯未嘗有天下也故窅然喪之而常遊心於絕冥之境雖寄坐萬物之上而未始不逍遙也四子者蓋寄言以明堯之不一於堯耳夫堯實冥矣其迹則堯也自迹觀冥外內異域未足怪也世徒見堯之爲堯豈識其冥哉故將求四子於海外而據堯於所見因謂與物同波者失其所以逍遙也然未知至遠之所順者更近而至高之所會者反下也若乃厲然以獨高爲至而不夷乎俗者斯山谷之士非无待者也奚足以語至極而遊无窮哉惠子謂莊子曰魏王貽

大瓠音護

瓠户郭反
呺許橋反

我大瓠之種我樹之成而實五石以盛水漿其堅不能自舉也剖之以爲瓢則瓠落无所容非不呺然大也吾爲其无用而掊之莊子曰夫子固拙於用大矣宋人有善爲不龜手之藥者世世以洴澼絖爲事其藥能令手不拘坼故常漂絮於水中也客聞之請買其方百金聚族而謀曰我世世爲洴澼絖不過數金今一朝而鬻技百金請與之客得之以說吳王越有難吳王使之將冬與越人水戰大敗越人裂地而封之能

無爲逍遙

不龜手一也或以封或不免於洴澼絖則所用之異也今子有五石之瓠何不慮以爲大樽而浮乎江湖而憂其瓠落无所容則夫子猶有蓬之心也夫（蓬非直達者也此章言物各有宜苟得其宜安往而不逍遙也）

惠子謂莊子曰吾有大樹人謂之樗其大本擁腫而不中繩墨其小枝卷曲而不中規矩立之塗匠者不顧今子之言大而无用衆所同去也莊子曰子獨不見狸狌乎卑身而伏以候敖者東西跳梁不避高下中於機辟死於

齊物論

嗒吐荅反

齊我

罔罟今夫斄牛其大若垂天之雲此能爲大矣而不能執鼠今子有大樹患其无用何不樹之於无何有之鄉廣莫之野彷徨乎无爲其側逍遙乎寢卧其下不夭斤斧物无害者无所可用安所困苦哉夫小大之物苟失其極則利害之理均用得其所則物皆逍遙也

莊子内篇齊物論第二　郭象注夫自是而非彼美己而惡人物莫不皆然然故是非雖異而彼我均也

南郭子綦隱几而坐仰天而噓嗒焉似喪其耦同天人均彼我故外无與爲歡而嗒焉解體若失其配匹顏成子游立侍

噫 乙戒反

乎前曰何居乎形固可使如槁木而心固可使如死灰乎死灰槁木取其寂漠无情耳夫任自然而忘是非者其體中獨任天眞而已又何所有哉故止若立枯木動若運槁枝坐若死灰行若游塵動止之容吾所不能一也其於无心而自得吾所不能二也今之隱几者非昔之隱几者也子游嘗見隱几者而未有若子綦也子綦曰偃不亦善乎而問之也今者吾喪我汝知之乎吾喪我我自忘矣我自忘矣天下有何物足識哉故都忘外内然後超然俱得汝聞人籟而未聞地籟汝聞地籟而未聞天籟夫籟簫也夫簫管參差宮商異律故有短長高下萬殊之聲聲雖萬殊而所稟之度一也然則優劣无所錯其間矣況之風物異音同是而咸自取焉則天地之籟見矣子游曰敢問其方子綦曰夫大塊噫氣其名爲風大塊者无物也夫噫氣者豈有物哉氣塊然而自噫耳物之生也莫不塊然而自生則塊然之體大矣故遂以大塊[illegible]

呺胡刀反又許口反
翏良救反又六收反
譹音孝又虛交反
宎於堯反一音杳
咬於交反或音狡
喁五恭反

是唯无作作則萬竅怒呺（言風唯无作作則萬竅皆怒動而爲聲也）而獨不聞之翏翏乎（長風之聲）山林之畏隹（大風之所扇動也）大木百圍之竅穴似鼻似口似耳似枅似圈似臼似洼者似污者（此略舉衆竅之所似）激者謞者叱者吸者叫者譹者宎者咬者（此略舉異竅之聲殊）前者唱于而隨者唱喁泠風則小和飄風則大和（夫聲之宮商雖千變萬化唱和大小莫不稱其所受而各當其分）厲風濟則衆竅爲虛（濟止也烈風作則衆竅實及其止則衆竅虛虛實雖異其於各得則同）而獨不見之調調之刁刁乎（調調刁刁動搖貌也言物聲既異而形之動搖亦又不同也動雖不同其得齊一耳豈調調獨是而刁刁獨非乎）子游曰地籟則衆竅是已人籟

畏反　隹反

譹許反

比 毗志反

齊智

縵 末旦反

則比竹是已敢問天籟子綦曰夫吹萬不同而使其自已也此天籟也夫天籟者豈復別有一物哉即衆竅比竹之屬接乎有生之類會而共成一天耳无既无矣則不能生有有之未生又不能爲生然則生生者誰哉塊然而自生耳自生耳非我生也我既不能生物物亦不能生我則我自然矣自已而然則謂之天然天然耳非爲也故以天言之以天言之所以明其自然也豈蒼蒼之謂哉而或者謂天籟役物使從己也夫天且不能自有況能有物哉故天也者萬物之摠名也莫適爲天誰主役物乎故物各自生而无所出焉此天道也咸其自取怒者其誰邪物皆自得之耳誰主怒之使然哉此重明天籟也天知閑閑小知閒閒此蓋知之不同大言炎炎小言詹詹此蓋言語之異其寐也魂交其覺也形開此蓋寤寐之異與接爲構日以心鬭縵者窖者密者此蓋交接之異小恐惴惴大恐縵縵此蓋恐悸之異其發若機栝其司是非

洫逸

慹之涉反

之謂也其留如詛盟其守勝之謂也此蓋動止之異其殺如秋冬以言其日消也其衰殺日消有如此者其溺之所爲之不可使復之也其溺而遂往有如此者其厭也如緘以言其老洫也其厭沒於欲老而愈洫有如此者近死之心莫使復陽也其利患輕禍陰結遂志有如此者喜怒哀樂慮嘆變慹姚佚啓態此蓋性情之異者樂出虛蒸成菌此蓋事變之異也自此以上略舉天籟之无方自此以下明无方之自然也物各自然不知所以然而然則形雖彌異其然彌同也日夜相代乎前而莫知其所萌日夜相代代故以新也夫天地萬物變化日新與時俱往何物萌之哉自然而然耳已乎已乎旦暮得此其所由以生乎言其自生非彼无我非我无所取

眹除忍反

賅古來反

是亦近矣（彼自然也自然生我我自然生故自然者即我之自然豈遠之哉）而不知其所爲使（凡物云云皆自爾耳非相爲使也故任之而理自至矣）若有眞宰而特不得其眹（萬物萬情趣舍不同若有眞宰使之然也起索眞宰之眹迹而亦終不得則明物皆自然无使物然也）可行已信（今夫行者信己可得行也）而不見其形（不見所以得行之形）有情而无形（情當其物故形不別見也）百骸九竅六藏賅而存焉（付之自然而莫不皆存也）吾誰與爲親（直自存耳）汝皆悅之乎其有私焉（皆悅之則是有所私也有私則不能賅而存矣故不悅而自存不爲而自生也）如是皆有爲臣妾乎（若皆私之則志過其分上下相冒而莫爲臣妾矣臣妾之才而不安臣妾之任則失矣故知君臣上下手足外內乃天理自然豈直人之所爲哉）其臣妾不足以相治乎（夫臣妾但各當其分耳未爲不足以相治也相治也者若手足耳目四支百體各有所司而更相御用也）其遞相爲君臣乎（夫時之所賢者爲君

才不應世者爲臣若天之自高地之自卑首自在上足自居下豈有遞哉雖无錯於當而必自當也其有眞君存焉任之而自爾則非僞也如求得其情與不得无益損乎其眞凡得眞性用其自爲者雖復皁隷猶不顧毁譽而自安其業故知與不知皆自若也若乃開希幸之路以下冒上物喪其眞人忘其本則毁譽之間俯仰失錯也一受其成形不亡以待盡言物各有分故知者守知以待終而愚者抱愚以至死豈有能中易其性者也與物相刃相靡其行盡如馳而莫之能止不亦悲乎羣品云云逆順相交各信其偏見而恣其所行莫能自反此比衆人之所悲者亦可悲矣而衆人未嘗以此爲悲者性然故也物各性然又何物足悲哉終身役役而不見其成功夫物情无猒而知足者鮮故得此不止復逐於彼皆疲役終身未厭其志死而後已故其成功者无時可見也苶然疲役而不知其所歸可不哀邪凡物各以所好役其形骸至于疲困苶然不知所以好此之歸趣云何也人謂之不死奚益

言其實與死同其形化其心與之然可不謂大哀乎言其心形並馳困而不反比於凡人所哀則此真哀之大也然凡人未嘗以此爲哀則凡所哀者不足哀也人之生也固若是芒乎其我獨芒而人亦有不芒者乎凡此上事皆不知所以然而然故曰芒也今夫知者皆不知所以知而自知矣生者不知所以生而自生矣萬物雖異至於生不由知則未有不同者也故天下莫不芒也夫隨其成心而師之誰獨且无師乎夫心之足以制一身之用者謂之成心人自師其成心則人各自有師矣人各自有師故付之而自當奚必知代而心自取者有之愚者與有焉夫以成代不成非知也心自得耳故愚者亦師其成心未肯用其所謂短而舍其所謂長者也未成乎心而有是非是今日適越而昔至也今日適越昨日何由至哉未成乎心是非何由生哉明夫是非者羣品之所不能无故至人兩順之是以无有爲有无有爲

齊是非

鷇苦豆反又音殼

有雖有神禹且不能知吾獨且柰何哉 理无是非而或者以爲有此以无有爲有也或心已成雖聖人不能解故付之自若而不強知也 夫言非吹也言者有言 各有所說故異於吹 其所言者特未定也 我以爲是而彼以爲非彼之所是我又非之故未定也未定也者由彼我之情偏 果有言邪 以爲有言邪然未足以有所定 其未嘗有言邪 以爲无言邪則據已已有言 其以爲異於鷇音 亦有辯乎其无辯乎 夫言與鷇音其致一也有辯无辯誠未可定也天下之情不必同而所言不能異故是非紛紜莫知所定 道惡乎隱而有眞偽言惡乎隱而有是非 道焉不在言何隱蔽而有眞偽是非之名紛然而起 道惡乎往而不存 皆存 言惡乎存而不可 皆可 道隱於小成言隱於榮華 夫小成榮華自隱於道而道不可隱則眞偽是非者行於榮華而止於實當見於小成而滅於大全也

故有儒墨之是非以是其所非而非其所是儒墨更相是非而天下皆儒墨也故百家並起各私所見而未始出其方也欲是其所非而非其所是則莫若以明夫有是有非者儒墨之所是也无是无非者儒墨之所非也今欲是儒墨之所非而非儒墨之所是者乃欲明无是无非也欲明无是无非則莫若還以儒墨反覆相明反覆相明則所是者非是而所非者非非矣非非則无非非是則无是物无非彼物无非是物皆自是故无非是物皆相彼故无非彼无非彼則天下无是矣无非是則天下无彼矣无彼无是所以玄同也自彼則不見自知則知之故曰彼出於是是亦因彼夫物之偏也皆不見彼之所見而獨自知其所知自知其所知則自以爲是自以爲是則以彼爲非矣故曰彼出於是是亦因彼彼是相因而生者也彼是方生之說也雖然方生方死方死方生方可方不可方不可方可因是因非因非

因是夫死生之變猶春秋冬夏四時行耳故死生之狀雖異其於各安所遇一也今生者方自謂生爲生而死者方自謂生爲死則无生矣生者方自謂死爲死而死者方自謂死爲生則无死矣无生无死无可无不可故儒墨之辯吾所不能同也至於各冥其分吾所不能異也是以聖人不由而照之于天亦因是也夫懷豁者因天下之是非而自无是非也故不由是非之塗而且非无患不當者直明其天然而无所奪故也是亦彼也我亦爲彼所彼彼亦是也彼亦自以爲是彼亦一是非此亦一是非此亦自是而非彼彼亦自是而非此此與彼各有一是一非於體中也果且有彼是乎哉果且无彼是乎哉今欲謂彼爲彼而彼復自是欲謂是爲是而是復爲彼所彼故彼是有无未果定也彼是莫得其偶謂之道樞偶對也彼是相對而聖人兩順之故无心者與物冥而未嘗有對於天下也此居其樞要而會其玄極以應夫无方也樞始得其環中以應无窮夫是非反覆相尋无窮故謂之環環中空矣今以是非爲環而得其中者无是无非也无是无非故能應夫是非是非无窮故

應亦无窮是亦一无窮非亦一无窮也天下莫不自是而莫不相非故一是一非兩行无窮唯涉空得中者曠然无懷乘之以遊也故曰莫若以明以指喻指之非指不若以非指喻指之非指也以馬喻馬之非馬不若以非馬喻馬之非馬也天地一指也萬物一馬也夫自是而非彼彼我之常情也故以我指喻彼指則彼指於我指獨為非指矣此以指喻指之非指也若覆以彼指還喻我指則我指於彼指復為非指矣此以非指喻指之非指也將明无是无非莫若反覆相喻反覆相喻則彼之與我既同於自是又均於相非均於相非則天下无是同於自是則天下无非何以明其然邪是若果是則天下不得復有非之者也非若果非亦不得復有是之者也今是非无主紛然殽亂明此區區者各信其偏見而同於一致耳仰觀俯察莫不皆然是以至人知天地一指也萬物一馬也故浩然大寧而天地萬物各當其分同於自得而无是无非也可乎可可於已者即謂之可不可乎不可不可於已者即謂之不可道行之而成无不成也物謂

恑九委反　憰決　分如字

之而然无不然也惡乎然然於然惡乎不然不
然於不然物固有所然物固有所可各然其所
然各可其所可无物不然无物不可故爲是舉莛
與楹厲與西施恢恑憰怪道通爲一夫莛橫而
楹縱厲醜而西施好所謂齊者豈必齊形狀同規矩哉故舉縱橫好醜恢恑憰怪各然其所然各可其所可則形雖萬殊而性同得故曰道通爲一也
其分也成也夫物或此以爲散而彼以爲成其成也毀也我之所謂成而彼或
謂之毀凡物无成與毀復通爲一夫成毀者生於自見而不見彼也故无成
與毀猶无是與非也唯達者知通爲一爲是不用而寓
諸庸庸也者用也用也者通也通也者
得也夫達者无滯於一方故忽然自忘而寄當於自用自用者莫不條暢而自得也適得而幾矣

芧 序橡子也

幾盡也至理盡於自得也因是已達者因而不作已而不知其然謂之道夫達者之因是豈知因爲善而因之哉不知所以因而自因耳故謂之道也勞神明爲一而不知其同也謂之朝三何謂朝三曰狙公賦芧曰朝三而暮四衆狙皆怒曰然則朝四而暮三衆狙皆悦名實未虧而喜怒爲用亦因是也夫達者之於一豈勞神哉若勞神明於爲一不足賴也與彼不一者无以異矣亦同衆狙之惑因所好而自是也是以聖人和之以是非而休乎天均莫之偏任故付之自均而止也是之謂兩行任天下之是非古之人其知有所至矣惡乎至有以爲未始有物者至矣盡矣不可以加矣此忘天地遺萬物外

不察乎宇宙內不覺其一身故能曠然无累與物俱往而无所不應也其次以爲有物矣而未始有封也雖未都忘猶能忘其彼此其次以爲有封焉而未始有是非也雖未能忘彼此猶能忘彼此之是非也是非之彰也道之所以虧也无是非乃全也道之所以虧愛之所以成道虧則情有所偏而愛有所成未能忘愛釋私玄同彼我也果且有成與虧乎哉果且无成與虧乎哉有之與无斯不能知乃至有成與虧故昭氏之鼓琴也无成與虧故昭氏之不鼓琴也夫聲不可勝舉也故吹管操弦雖有繁手遺聲多矣而執籥鳴弦者欲以彰聲也彰聲而聲遺不彰聲而聲全故欲成而虧之者昭文之鼓琴也不成而无虧者昭文之不鼓琴也昭文之鼓琴也師曠之枝策也惠子之據梧也三子之

江南本作雖我无成亦可謂成

知幾乎幾盡也夫三子者皆欲辯非己所明以明之故知盡慮窮形勞神倦或枝策假寐或據梧而瞑皆其盛者也故載之末年賴其盛故能久不爾早困也唯其好之也以異於彼言此三子唯獨好其所明自以殊於衆人其好之也欲以明之明示衆人欲使同乎我之所好彼非所明而明之故以堅白之昧終是猶對牛鼓簧耳彼竟不明故己之道術終於昧然也而其子又以文之綸終終身无成昭文之子又乃終文之緒亦卒不成若是而可謂成乎雖我亦成也此三子雖求明於彼彼竟不明所以終身无成若三子而可謂成則雖我之不成亦可謂成也若是而不可謂成乎物與我无成也物皆自明而不明彼若彼不明即謂不成則萬物皆相與无成矣故聖人不顯此以耀彼不捨己而遂物從而任之各冥其所能故曲成而不遺也今三子欲以己之所好明示於彼不亦妄乎是故滑疑之耀聖人之所

圖也爲是不用而寓諸庸此之謂以明夫聖人无我者也故滑疑之耀則圖而域之恢恑憰怪則通而一之使群異各安其所安衆人不失其所是則已不用於物而萬物之用用矣物皆自用則孰是孰非哉故雖放蕩之變屈奇之異曲而從之寄之自用則用雖萬殊歷然自明今且有言於此不知其與是類乎其與是不類乎類與不類相與爲類則與彼无以異矣今以言无是非則不知其與言有者類乎不類乎欲謂之類則我以无爲是而彼以无爲非斯不類矣然此雖是非不同亦固未免於有是非也則與彼類矣故曰類與不類又相與爲類則與彼无以異也然則將大不類莫若无心既遣是非又遣其遣遣之又遣之以至於无遣然後无遣无不遣而是非自去矣雖然請嘗言之至理无言言則與類故試寄言之有始也者有始則有終有未始有始也者謂无終始而一死生有未始有夫未始有始也者夫一之者未若不一而自齊斯又忘其一也有有也者有有則美惡是非具也

有无也者有无而未知无无也則是非好惡猶未離懷有未始有无也者知无无矣而猶未能无知有未始有夫未始有无也者俄而有无矣而未知有无之果孰有孰无也此都忘其知也爾乃俄然始了无耳了无則天地萬物彼我是非豁然確斯也今我則已有謂矣謂无是非即復有謂而未知吾所謂之其果有謂乎其果无謂乎又不知謂之有无爾乃蕩然无纖芥於胷中也天下莫大於秋豪之末而太山爲小莫壽乎殤子而彭祖爲夭天地與我並生而萬物與我爲一夫以形相對則太山大於秋豪也若各據其性分物冥其極則形大未爲有餘形小不爲不足苟各足於其性則秋豪不獨小其小而太山不獨大其大矣若以性足爲大則天下之足未有過於秋豪也若性足者非大則雖太山亦可稱小矣故曰天下莫大於秋豪之末而太山爲小

太山爲小則天下无大矣秋豪爲大則天下无小也无小无大无壽无夭是以蟪蛄不羨大椿而欣然自得斥鴳不貴天池而榮願以足苟足於天然而安其性命故雖天地未足爲壽而與我並生萬物未足爲異而與我同得則天地之生又何不並萬物之得又何不一哉既巳爲一矣且得有言乎萬物萬形同於自得其得一也巳自一矣理无所言既巳謂之一矣且得无言乎夫名謂生於不明者也物或不能自明其一而以此逐彼故謂一以正之既謂之一即是有言矣一與言爲二二與一爲三自此以往巧歷不能得而況其凡乎夫以言言一而一非言也則一與言爲二矣一既一矣言又二之有一有二得不謂之三乎夫以一言言一猶乃成三況尋其支流凡物殊稱雖有善數莫之能紀也故一之者與彼未殊而忘一者无言而自一故自无適有以至於三而況自有適有乎夫一无言也而有言則至三況尋其末數其可窮乎无適焉因是巳各止於其所能乃最是也夫道未始有封冥然无不在也言未始有常彼此言之

故是非无定主爲是而有畛也道无封故萬物得恣其分域請言其畛有左有右各異便也有倫有義物物有理事事有宜有分有辯羣分而類別也有競有爭並逐曰競對辯曰爭此之謂八德略而判之有此八德六合之外聖人存而不論夫六合之外謂萬物性分之表耳夫物之性表雖有理存焉而非性分之内則未甞以感聖人也故聖人未甞論之若論之則是引萬物使學其所不能也故不論其外而八畛同於自得也六合之内聖人論而不議陳其性而安之春秋經世先王之志聖人議而不辯順其成迹而擬乎至當之極不執其所是以非衆人也故分也者有不分也辯也者有不辯也夫物物自分事事自别而欲由己以分别之者不見彼之自别也曰何也聖人懷之以不辯爲懷耳聖人无懷衆人辯之以相示也故曰辯也者

嗛　欺簟反

江南本作周

园　刓又五丸反　又音圓

有不見也（不見彼之自辯故辯已所知以示之）夫大道不稱（付之自稱无所稱謂）大辯不言（已自別也）大仁不仁（无愛而自存也）大廉不嗛（夫至足者物之去來非我也故无所容其嗛盈）大勇不忮（无往而不順故能无險而不往）道昭而不道（以此明彼彼此俱失矣）言辯而不及（不能及其自分）仁常而不成（物无常愛而常愛必不周）廉清而不信（激然廉清貪名者耳非眞廉也）勇忮而不成（忮逆之勇天下共疾之无敢舉足之地也）五者园而幾向方矣（此五者皆以有爲傷當者也不能止乎本性而求外无已夫外不可求而求之譬猶以圓學方以魚慕鳥耳雖希翼鸞鳳擬規日月此愈近彼愈遠實學彌得而性彌失故齊物而偏尚之累去矣）故知止其所不知至矣（所不知者皆性分之外也故止於所知之內而至也）孰知不言之辯不道之道若有能知此之謂天府（浩然都任之也）注焉而不滿酌

焉而不竭至人之心若鏡應而不藏故曠然无盈虚之變也而不知其所由
來至理之來自然无迹此之謂葆光任其自明故其光不弊也故昔者堯
問於舜曰我欲伐宗膾胥敖南面而不
釋然其故何也於安任之道未弘故聽朝而不怡也將寄明齊一之理於大聖故發自怪之問以起對也
舜曰夫三子者猶存乎蓬艾之間夫物之所安无陋也
則蓬艾乃三子之妙處也若不釋然何哉昔者十日並出
萬物皆照夫重明登天六合俱照无有蓬艾而不光被也而況德之進乎
日者乎夫日月雖无私於照猶有所不及德則无不得也而今欲奪蓬艾之願而伐使從已於至道豈弘哉故不釋然神解耳若乃物
暢其性各安其所安无遠近幽深付之自若皆得其極則彼无不當而我无不怡也齧缺問乎王倪曰
子知物之所同是乎曰吾惡乎知之所同未必

齊物

齊治

蛣丘一反

是所異不獨非而彼我莫能相正故无所用其知子知子之所不知邪曰吾惡乎知之若自知其所不知即爲有知有知則不能任羣才之自當然則物无知邪曰吾惡乎知之都不知乃曠然无不任矣雖然嘗試言之以其不知故未敢正言試言之耳庸詎知吾所謂知之非不知邪魚游於水水物所同咸謂之知然自鳥觀之則向所謂知者復爲不知矣夫蛣蜣之知在於轉丸而笑蛣蜣者乃以蘇合爲貴故所同之知未可正據庸詎知吾所謂不知之非知邪所謂不知者直是不同耳亦自一家之知且吾嘗試問乎汝已不知其正故試問汝民溼寢則腰疾偏死鰌然乎哉木處則惴慄恂懼猨猴然乎哉三者孰知正處此略舉三者以明萬物之異便民食芻豢麋鹿食薦蝍蛆甘帶鴟鴉

猵 篇面反

雎 音妻又如字

江南本有飄字

者鼠四者孰知正味（此略舉四者以明美惡之无主）猨猵狙以爲雌麋與鹿交鰌與魚游毛嬙麗姬人之所美也魚見之深入鳥見之高飛麋鹿見之決驟四者孰知天下之正色哉（此略舉四者以明天下所好之不同也不同者而非之則无以知所同之必是）自我觀之仁義之端是非之塗樊然殽亂吾惡能知其辯（夫利於彼者或害於此而天下之彼我无窮則是非之境无常故唯莫之辯而任其自是然後蕩然俱得）齧缺曰子不知利害則至人固不知利害乎（未能妙其不知故猶嫌至人當知之斯懸之未解也）王倪曰至人神矣（无心而无不順）大澤焚而不能熱河漢冱而不能寒疾雷破山風

齊生死

振海而不能驚（夫神全形具而體與物冥者，雖涉至變而未始非我，故蕩然无蔕介於胷中也）若然者乘雲氣（寄物而行，非我動也）騎日月（有晝夜而无死生也）而遊乎四海之外（夫唯无其知而任天下之自為，故馳萬物而不窮也）死生无變於己（與變為體，故死生若一）而況利害之端乎（況利害於死生，愈不足以介意）瞿鵲子問乎長梧子曰吾聞諸夫子聖人不從事於務（務自來而理自應耳，非從而事之也）不就利不違害（往而直前，无所避就）不喜求（求之不喜，直取不怨）不緣道（獨至者也）无謂有謂有謂无謂（凡有稱謂者，皆非吾所謂也，彼各自謂耳，故无彼有謂而有此无謂也）而遊乎塵垢之外（凡非真性，皆塵垢也）夫子以為孟浪之言而我以為妙道之行也吾子以為奚若長梧子

芚徒奔反

曰是黃帝之所聽熒也而丘也何足以知之且汝亦大早計見卵而求時夜見彈而求鴞炙夫物有自然理有至極循而直往則冥然自合非所言也故言之者孟浪而聞之者聽熒雖復黃帝猶不能使萬物无懷而聽熒至竟故聖人付當於塵垢之外而玄合乎視聽之表照之以天而不逆計放之自爾而不推明也今瞿鵲子方聞孟浪之言而便以為妙道之行斯亦无異見卵而責司晨之功見彈而求鴞炙之實也夫不能安時處順而探變求化當生而慮死執是以辯非皆逆計之徒也予嘗為汝妄言之言之則孟浪也故試妄言之汝以妄聽之奚若正聽妄言復為太早計也故亦妄聽之何旁日月挾宇宙以死生為晝夜旁日月之喻也以萬物為一體挾宇宙之譬也為其脗合置其滑涽以隸相尊以有所賤故尊卑生焉而滑涽紛亂莫之能正各自是於一方矣故為脗然自合之道莫若置之勿言委之自爾也脗然无波際之謂也眾人役役馳騖於是非之境也聖人愚芚芚然无知而直往之貌參萬歲而一

涽昏

别本參萬歲已成一純

成純純者不雜者也夫舉萬歲而參其變而衆人謂之雜矣故役役然勞形怵心而去彼就此唯大聖无執故芚然直往而與變化爲一一變化而常遊於獨者也故雖參糅億載千殊萬異道行之而成則古今一成也物謂之而然則萬物一然也无物不然无時不成斯一謂純也萬物盡然无物不然而以是相蘊蘊積也積是於萬歲則萬歲一是也積然於萬物則萬物盡然也故不知死生先後之所在彼我勝負之所如也予惡乎知悅生之非惑邪死生一也而獨悅生欲與變化相背故未知其非惑也予惡乎知惡死之非弱喪而不知歸者邪少而失其故居名爲弱喪夫弱喪者遂安於所在而不知歸於故鄉也焉知生之非夫弱喪焉知死之非夫還歸而惡之哉麗之姬艾封人之子也晉國之始得之也涕泣沾襟及其至於王所與王同匡牀食芻豢而後悔其泣也一生之內情變若此當此之日則不知彼況夫死生之變惡能相知哉予惡乎知夫死者不悔

其始之蘄生乎蘄求也夢飲酒者旦而哭泣
夢哭泣者旦而田獵此寤寐之事變也事苟變情亦異則死生之願不得同矣故生時樂生則
死時樂死矣死生雖異其於各得所願一也則何係哉方其夢也不知其夢也
由此觀之當死之時亦不知其死而自適其志也夢之中又占其夢焉夫夢者乃復夢中占
其夢則无以異於寤者也覺而後知其夢也當所遇无不足也何為方生而憂死哉且
有大覺而後知此其大夢也夫大覺者聖人也大覺者乃知大患在
懷者皆未寤也而愚者自以為覺竊竊然知之君
乎牧乎固哉夫愚者大夢而自以為寤故竊竊然以所好為君上而所惡為牧圉欣然信一家之偏見可謂固陋矣
丘也與汝皆夢也未能忘言而神解故非大覺也予謂汝夢亦
夢也即復夢中之占夢也夫自以為夢猶未寤也況竊竊然自以為覺哉是其言也其名

弔 的

齊同異

黮 貪闇反

爲弔詭夫非常之談故非常人之所知故謂之弔當卓詭而不識其懸解萬世之後而一遇大聖知其解者是旦暮遇之也言能蜕然无係而玄同死生者至希也既使我與若辯矣若勝我我不若勝若果是也我果非也邪我勝若若不吾勝我果是也而果非也邪若而皆汝也其或是也其或非也邪其俱是也其俱非也邪我與若不能相知也則人固受其黮闇吾誰使正之不知而後推不見而後辯辯之而不足以自信以其與物對也辯對終日黮闇至竟莫能正之故當付之自正耳使同乎若者正之既與若同矣惡能正之使同乎我者正之既同乎我

倪崖又音詣又五底反

矣惡能正之同故是之未足信也使異乎我與若者正之既異乎我與若矣惡能正之異故相非耳亦不足據使同乎我與若者正之既同乎我與若矣惡能正之是若果是則天下不得復有非之者也非若信非則亦无緣復有是之者也今是其所同而非其所異異同既具而是非无主故夫是非者生於好辯而休乎天均付之兩行而息乎自正也然則我與若與人俱不能相知也而待彼也邪各自正耳待彼不足以正此則天下莫能相正也故付之自正而至矣何謂和之以天倪天倪者自然之分也曰是不是然不然是若果是也則是之異乎不是也亦无辯然若果然也則然之異乎不然也亦无辯是非然否彼我更對故无辯无辯故和之以天倪安其自然之分而已不待彼以正此

齊因　景（暎永反又如字）

化聲之相待若其不相待（是非之辯爲化聲夫化聲之相待俱不足以相正故若不相待也）和之以天倪因之以曼衍所以窮年也（和之以自然之分任其无極之化尋斯以往則是非之境自泯而性命之致自窮也）忘年忘義振於无竟故寓諸无竟（夫忘年故玄同死生忘義故彌貫是非是非死生蕩而爲一斯至理也至理暢於无極故寄之者不得有窮也）

罔兩問景曰曩子行今子止曩子坐今子起何其无特操與（罔兩景外之微陰也）景曰吾有待而然者邪（言天機自爾坐起无待无待而獨得者孰知其故而責其所以哉）吾所待又有待而然者邪（若責其所待而尋其所由則尋責无極卒至於无待而獨化之理明矣）吾待蛇蚹蜩翼邪（若待蛇蚹蜩翼則无特操之所由未爲難識也今所以不識正所不待斯類而獨化故耳）惡識所以然惡識所以不然（世或謂罔兩待景景

齊化

卒歸之一夢

待形形待造物者請問夫造物者有邪无邪无也則胡能造物哉有也則不足以物衆形故明乎衆形之自物而後始可與言造物耳是以涉有物之域雖復罔兩未有不獨化於玄冥者也故造物者无主而物各自造物各自造而无所待焉此天地之正也故彼我相因形景俱生雖復玄合而非待也明斯理也將使萬物各反所宗於體中而不待乎外外无所謝而内无所矜是以誘然皆生而不知所以生同焉皆得而不知所以得也今罔兩之因景猶云俱生而非待也則萬物雖聚而共成乎天而皆歷然莫不獨見矣故罔兩非景之所制而景非形之所使形非无之所化也則化與不化然與不然從人之與由己莫不自爾吾安識其所以哉故任而不助則本末内外暢然俱得泯然无迹若乃責此近因而忘其自爾宗物於外喪主於内而愛尚生矣雖欲推而齊之然其所尚已存乎胷中何夷之得有哉

昔者莊周夢爲胡蝶栩栩然胡蝶也自喻適志與（自快得意悅豫而行）不知周也（方其夢爲胡蝶而不知周則與殊死不異也然所在无不適志則當生而係生者必當死而戀死矣由此觀之知夫在生而哀死者誤也）俄然覺則蘧蘧然周也（自周而言故稱覺耳未必非夢也）不知周之夢爲胡蝶與胡蝶之夢爲周與（今之不知胡蝶无異於夢之不知周也而各適一時

之志則无以明胡蝶之不夢爲周矣世有假寐而夢經百年者則无以明今之百年非假寐之夢者也周與胡蝶則必有分矣夫覺夢之分无異於死生之辯也今所以自喻適志由其分定非由无分也此之謂物化夫時不暫停而今不遂存故昨日之夢於今化矣死生之變豈異於此而勞心於其間哉方爲此則不知彼夢爲胡蝶是也取之於人則一生之中今不知後麗姬是也而愚者竊竊然自以爲知生之可樂死之可苦未聞物化之謂也

南華眞經卷第一

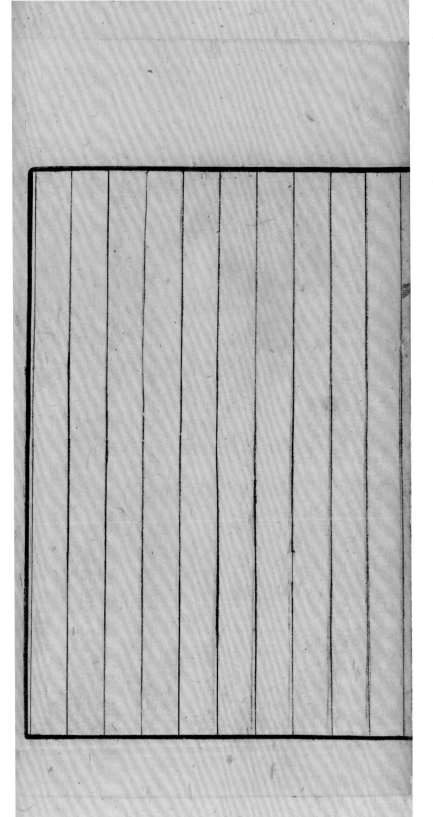

養生主

養性分

南華眞經卷第二

莊子內篇養生主第三

郭象注　夫生以養存則養生者理之極也若乃養過其極以養傷生非養生之主也

吾生也有涯所稟之分各有極也而知也无涯夫舉重攜輕而神氣自若此力之所限也而尚名好勝者雖復絶膂猶未足以慊其願此知之无涯也故知之爲名生於失當而滅於冥極冥極者任其至分而无豪銖之加是故雖負萬鈞苟當其所能則忽然不知重之在身雖應萬機泯然不覺事之在己此養生之主也以有涯隨无涯殆已以有限之性尋无極之知安得而不困哉已而爲知者殆而已矣已困於知而不知止又爲知以救之斯養而傷之者眞大殆也爲善无近名爲惡无近刑忘善惡而居中任萬物之自爲悶然與至當爲一故刑名遠己而全理在身也緣督以爲經順中以爲常也可以保身可以全生可以養親養親以適可以

得生理

砉呼鵙反

騞呼獲反

譆熙

盡年苟得中而冝度則事事无不可也夫養生非求過分蓋全理盡年而已矣庖丁爲文惠君解牛手之所觸肩之所倚足之所履膝之所踦砉然嚮然奏刀騞然莫不中音合於桑林之舞乃中經首之會言其因便施巧无不閑解盡理之甚既適牛理又合音節文惠君曰譆善哉技蓋至此乎庖丁釋刀對曰臣之所好者道也進乎技矣直寄道理於技耳所好者非技也始臣之解牛之時所見无非牛者未能見其理間三年之後未嘗見全牛也但見其理間也方今之時臣以神遇而不以目視闇與理會官知止而神欲行司察之官廢縱心而順理依乎天

綮若挺反
軱孤

批備結反　郤去逆反

理（不橫截也）批大郤（有際之處因而批之令離）導大窾（節解窾空就導令殊）因其固然（刀不妄加）技經肯綮之未嘗（技之妙也常遊刃於空未嘗經槩於微礙也）而況大軱乎（軱戾大骨衄刀刃也）良庖歲更刀割也（不中其理間也）族庖月更刀折也（中骨而折刀也）今臣之刀十九年矣所解數千牛矣而刀刃若新發於硎（硎砥石也）彼節者有間而刀刃者无厚以无厚入有間恢恢乎其於遊刃必有餘地矣是以十九年而刀刃若新發於硎雖然每至於族吾見其難爲（交錯聚結爲族）怵然爲戒視爲止（不復屬目於他物也）行爲遲（徐其手也）動刀甚微

謋 化百反

遣刑累

遠樊籠

謋然已解得其宜則用力少如土委地理解而无刀迹若聚土也提刀而立爲之四顧爲之躊躇滿志逸足容豫自得之謂善刀而藏之拭刀而弢之也文惠君曰善哉吾聞庖丁之言得養生焉以刀可養故知生亦可養公文軒見右師而驚曰是何人也惡乎介也介偏刖之名天與其人與知之所无奈何天也犯其所知人也曰天也非人也天之生是使獨也偏刖曰獨夫師一家之知而不能兩存其足則是知之无所奈何若以右師之知而必求兩全則心神内困而形骸外弊矣豈直偏刖而已哉人之貌有與也兩足共行曰有與有與之貌未有疑其非命也以是知其天也非人也以有與者命也故知獨者亦非我也是以達生之情者不務生之所无以爲達命之情者不務知之所无奈何也全其自然而已澤雉十步一啄百

釋懸解

步一飲不蘄畜乎樊中[蘄求也樊所以籠雉也夫俯仰乎天地之間逍遥乎自得之場固養生之妙處也又何求於入籠而服養哉]神雖王不善也[夫始乎適而未嘗不適者忘適也雖心神長王志氣盈豫而自放於清曠之地忽然不覺善之為善也]老聃死秦失弔之三號而出[人弔亦弔人號亦號]弟子曰非夫子之友邪[怪其不倚戶觀化乃至三號也]曰然然則弔焉若此可乎曰然[至人无情與衆號耳故若斯可也]始也吾以為其人也而今非也向吾入而弔焉有老者哭之如哭其子少者哭之如哭其母彼其所以會之必有不蘄言而言不蘄哭而哭者[嫌其先物施惠不在理上往故致此甚愛也]是遁天倍情忘其所受[天性所受各有本分不可逃亦不可加]古

人間世

者謂之遁天之刑感物太深不止於當遁天者也將馳騖於憂樂之境雖楚戮未加而性情已困庸非刑哉適來夫子時也時自生也適去夫子順也理當死也安時而處順哀樂不能入也夫哀樂生於失得也今玄通合變之士无時而不安无順而不處冥然與造化爲一則无往而非我矣將何得何失孰死孰生哉故任其所受而哀樂无所錯其間矣古者謂是帝之縣解以有係者爲縣則无係者縣解也縣解而性命之情得矣此養生之要也指窮於爲薪火傳也窮盡也爲薪猶前薪也前薪以指指盡前薪之理故火傳而不滅心得納養之中故命續而不絕明夫養生乃生之所以生也不知其盡也夫時不再來今不一停故人之生也一息一得耳向息非今息故納養而命續前火非後火故爲薪而火傳火傳而命續由夫養得其極也世豈知其盡而更生哉

莊子内篇人間世第四

郭象注

與人羣者不得離人然人間之變故世世異宜唯无心而不自用者爲能隨變所適而不荷其累也

化導

蕉　似遥反

李本有所行三字張本作往而殆刑

張本作往而殆刑

顏回見仲尼請行曰奚之曰將之衛曰奚為焉曰回聞衛君其年壯其行獨（不與民同欲也）輕用其國（夫君人者動必乘人一怒則伏尸流血一喜則軒冕塞路故君人者之用國不可輕也）而不見其過（莫敢諫也）輕用民死（輕用之於死地）死者以國量乎澤若蕉（舉國而輸之死地不可稱數視之若草芥也）民其无如矣（无所依歸）回嘗聞之夫子曰治國去之亂國就之醫門多疾願以所聞思其則庶幾其國有瘳乎仲尼曰譆若殆往而刑耳（其道不足以救彼患）夫道不欲雜（宜正得其人）雜則多多則擾擾則憂憂而不救（若夫不得其人則雖百醫守病適足致疑而不能一愈也）古之至

江南作衒

人先存諸己而後存諸人有其具然後可以接物也所存於己者未定何暇至於暴人之所行不虛心以應物而役思以犯難故知其所存於己者未定也夫唯外其知以養真寄妙當於羣才功名歸物而患慮遠身然後可以至於暴人之所行也且若亦知夫德之所蕩而知之所爲出乎哉德蕩乎名知出乎爭德之所以流蕩者矜名故也知之所以横出者爭善故也雖復桀跖其所矜惜无非名善也名也者相軋也知也者爭之器也二者凶器非所以盡行也夫名知者世之所用也而名起則相軋知用則爭興故遺名知而後行可盡也且德厚信矼未達人氣名聞不爭未達人心而彊以仁義繩墨之言術暴人之前者是以人惡有其美也夫投人夜

光鮮不寀劒者未達故也今回之德信與其不爭之名彼所未達也而猶以仁義準繩於彼彼將謂回欲毀人以自成也是故至人不役志以經世而虛心以應物誠信著於天地不爭暢於萬物然後萬物歸懷天地不逆故德音發而天下響會景行彰而六合俱應而後始可以經寒暑涉治亂而不與逆鱗迕也

命之曰菑人菑人者人必反菑之適不信受則謂與已爭名而反害之若殆為人菑夫且苟為悅賢而惡不肖惡用而求有以異苟能悅賢惡愚聞義而服便為明君也苟為明君則不若无賢臣汝往亦不足復奇如其不爾往必受害故以有心而往无往而可无心而應其應自來則无往而不可也若唯无詔王公必將乘人而鬬其捷汝唯有寂然不言耳言則不公必乘人以君人之勢而角其捷辯以距諫飾非也而目將熒之其言辯捷使人眼眩而色將平之不能復自異於彼也口將營之自救解不暇容將形之心且成之乃且釋己以從彼也是以火救火以水救水名之曰

益多適不能救乃更足以成彼之盛順始无窮尋常守故未肯變也若殆以不信厚言必死於暴人之前矣未信而諫雖厚爲害且昔者桀殺關龍逢紂殺王子比干是皆脩其身以下傴拊人之民以下拂其上者也居下而任上之憂比干非其事也故其君因其脩以擠之是好名者也不欲令臣有勝君之名也昔者堯攻叢枝胥敖禹攻有扈國爲虛厲身爲刑戮其用兵不止其求實无已是皆求名實者也而獨不聞之乎夫暴君非徒求恣其欲乃復求名但所求者非其道耳名實者聖人之所不能勝也而況若乎惜名貪欲之君雖復堯禹不能勝化也故

訾 紫

與衆攻之而汝乃欲空手而往化之以道哉雖然若必有以也嘗以語我來顏回曰端而虚正其形而虚其心也勉而一言遜而不二也則可乎曰惡惡可言未可也夫以陽爲充孔揚言衛君亢陽之性充張於内而甚揚於外彊禦之至也采色不定喜怒无常常人之所不違莫之敢逆因案人之所感以求容與其心夫頑彊之甚人以快事感己己陵藉而乃押挫之以求從容自放而遂其後心也名之曰日漸之德不成而況大德乎言乃少多无回降之勝也將執而不化故守其本意也外合而内不訾其庸詎可乎外合而内不訾即向之端虚而勉一耳言此未足以化之然則我内直而外曲成而上比顏回更説此三條也内直者與天爲徒與天爲徒者

知天子之與己皆天之所子而獨以己言蘄乎而人善之蘄乎而人不善之邪物无貴賤得生一也故善與不善付之公當耳一无所求於人也若然者人謂之童子是之謂與天爲徒依乎天理推己信命若嬰兒之直往也外曲者與人之爲徒也擎跽曲拳人臣之禮也人皆爲之吾敢不爲邪爲人之所爲者人亦无疵焉是之謂與人爲徒外形委曲隨人事之所當爲也成而上比者與古爲徒成於今而比於古也其言雖教讁之實也雖是常教實有諷責之旨古之有也非吾有也若然者雖直不爲病寄直於古故无以病我也是之謂與古

張夲作有心爲之其易邪

爲徒若是則可乎仲尼曰惡惡可太多政法而不諜（當理无二而張三條以政之與事不冥也）雖固亦无罪（雖未弘大）（亦且不見咎責）雖然止是耳矣夫胡可以及化（罪則无矣）（化則未也）猶師心者也（挾三術以適彼非无心而付之天下也）顏回曰吾无以進矣敢問其方仲尼曰齋吾將語若有而爲其易邪（夫有其心而爲之者誠未易也）易之者皞天不宜（以有爲爲易未見其宜也）顏回曰回之家貧唯不飲酒不茹葷者數月矣若此則可以爲齋乎曰是祭祀之齋非心齋也回曰敢問心齋仲尼曰若一志（去異端而任獨也）无聽之以耳而

聽之以心无聽之以心而聽之以氣聽止於耳心止於符氣也者虛而待物者也遣耳目去心意而符氣性之自得此虛以待物者也唯道集虛虛者心齋也虛其心則至道集於懷也顔回曰回之未始得使實自回也未使心齋故有其身得使之也未始有回也既得心齋之使則无其身可謂虛乎夫子曰盡矣吾語若若能入遊其樊而无感其名放心自得之場當於實而止入則鳴不入則止譬之宮商應而无心故曰鳴之夫无心而應者任彼耳不彊應也无門无毒使物自若无門者也付天下之自安无毒者也毒治也一宅而寓於不得已不得已者理之必然者也體至一之宅而會乎必然之符也則幾矣理盡於斯絶迹易无行地難

閲當作闋

不行則易欲行而不踐地不可能也无爲則易欲爲而不傷性不可得也爲人使易以僞爲天使難以僞視聽之所得者粗故易欺也至於自然之報細故難僞也則失眞少者不全亦少失眞多者不全亦多失得之報未有不當其分者也而欲違天爲僞不亦難乎聞以有翼飛者矣未聞以无翼飛者也聞以有知知者矣未聞以无知知者也言必有其具乃能其事今无至虛之宅无由有化物之實也瞻彼閲者虛室生白夫視有若无虛室者也室虛而純白獨生矣吉祥止止夫吉祥之所集者至虛至靜也夫且不止是之謂坐馳若夫不止於當不會於極此爲以應坐之日而馳騖不息也故外敵未至而內已因矣豈能化物哉夫徇耳目內通而外於心知鬼神將來舍而況人乎夫使耳目閉而自然得者心知之用外矣故將任性直通无往不冥尚无幽昧之責而況人間之累乎是萬物之化也禹舜之所

紐也伏羲几蘧之所行終而況散焉者
乎（言物无貴賤未有不由心知耳目以自通者也故世之所謂知者豈欲知而知哉所謂見者豈爲見而見哉若夫知見可以欲爲而得者則欲賢可以得賢爲聖可以得聖乎固不可矣而世不知知之自知因欲爲知以知之不見見之自見因欲爲見以見之不知生之自生又將爲生以生之故見目而求離朱之明見耳而責師曠之聰故心神奔馳於內耳目竭喪於外處身不適則與物不冥矣不冥矣而能合乎人間之變應乎世世之節者未之有也）

命使

葉公子高將使於齊問於仲尼曰王使
諸梁也甚重（重其使欲有所求也）齊之待使者蓋將甚
敬而不急（恐直空報其敬而不肯急應其求也）匹夫猶未可動也
而況諸侯乎吾甚慄之子嘗語諸梁也
曰凡事若小若大寡不道以懽成（夫事无小大少有不
言以成爲懽者耳此仲尼之所嘗告諸梁也）事若不成則必有人道之

江南作寡有
作成懽

清七性反字宜從冫今假借

患（夫以成爲懽者不成則怒矣此楚王之所不能免也）事若成則必有陰陽之患（人患雖去然喜懼戰於胸中固已結冰炭於五藏矣）若成若不成而後无患者唯有德者能之（成敗若任之於彼而莫足以患心者唯有德者乎）吾食也執粗而不臧爨无欲清之人（對火而不思涼明其所饌儉薄也）今吾朝受命而夕飲冰我其內熱與（所饌儉薄而內熱飲冰者誠憂事之難非美食之爲）吾未至乎事之情而既有陰陽之患矣事若不成必有人道之患是兩也（事未成則唯恐不成耳若果不成則恐懼結於內而刑網羅於外也）爲人臣者不足以任之子其有以語我來仲尼曰天下有大戒二其一命也其一義也子之愛親命

也不可解於心（自然結固不可解也）臣之事君義也无適而非君也无所逃於天地之間（千人聚不以一人爲主不亂則散故多賢不可以多君无賢不可以无君此天人之道必至之宜）是之謂大戒（若君可逃而親可解則不足戒也）是以夫事其親者不擇地而安之孝之至也夫事其君者不擇事而安之忠之盛也自事其心者哀樂不易施乎前知其不可奈何而安之若命德之至也（知不可奈何者命也而安之則无哀无樂何易施之有哉故冥然以所遇爲命而不施心於其間泯然與至當爲一而无休戚於其中雖事凡人猶无往而不適而況君親乎）爲人臣子者固有所不得已行事之情而忘其身（事有必至理固常通故任之則事濟事濟而身不存者未之有也又何用心於有身哉）何暇至於

悅生而惡死夫子其行可矣理无不適故當任所遇而直前耳若乃信道不篤而悅惡存懷不能與至當俱往而謀生慮死未見能成其事者也丘請復以所聞凡交近則必相靡以信近者得接故以其信驗親相靡服也遠則必忠之以言遥以言傳意也言必或傳之夫傳兩喜兩怒之言天下之難者也夫喜怒之言若過其實傳之者宜使兩不失中故未易也夫兩喜必多溢美之言兩怒必多溢惡之言溢過也言怒之言常過其當也凡溢之類妄嫌非彼言似傳者妄作妄則其信之也莫莫然疑之莫則傳言者殃就傳過言似於誕妄受者有疑則傳言者橫以輕重爲罪也故法言曰傳其常情无傳其溢言則幾乎全雖聞臨時之過言而勿傳也必稱其常情而要其誠致則近於全也且以巧鬬力者始乎

陽（本共好戲）常卒乎陰（欲勝情至潛興害彼）泰至則多奇巧（不復循理）以禮飲酒者始乎治（尊卑有別旅酬有次）常卒乎亂（湛湎淫液也）泰至則多奇樂（淫荒縱橫无所不至）凡事亦然始乎諒常卒乎鄙其作始也簡其將畢也必巨（夫煩生於簡事起於微此必至之勢也）言者風波也行者實喪也（夫言者風波也故行之則實喪矣）夫風波易以動實喪易以危（故遺風波而弗行則實不喪矣夫事得其實則危可安而蕩可定也）故忿設无由巧言偏辭（夫忿怒之作无他由也常由巧言過實偏辭失當）獸死不擇音氣息茀然於是並生心厲（譬之野獸蹴之窮地意急情盡則和聲不至而氣息不理茀然暴怒俱生疵疵以相對之）剋核太至則必有不肖之心應之而不知其然也

師傳

夫寬以容物物必歸焉尅核太精則鄙吝心生而不自覺也故大人蕩然放物於自得之場不苦人之能不竭人之歡故四海之交可全苟爲
不知其然也孰知其所終苟不自覺安能知禍福之所齎詣也故
法言曰无遷令傳彼實也无勸成任其自成過度益也
益則非任實遷令勸成殆事此事之危殆美成在久美成者任
其時化譬之種殖不可一朝成惡成不及改彼之所惡而勸彊成之則悔敗尋至可不慎
與且夫乘物以遊心寄物以爲意也託不得已以
養中至矣任理之必然者中庸之符全矣斯接物之至也何作爲報也當任齊所
報之實何爲爲齊作意於其間哉莫若爲致命此其難者直爲致命最易而以
喜怒施心故難也顏闔將傅衛靈公太子而問於蘧
伯玉曰有人於此其德天殺與之爲无

方則危吾國與之爲有方則危吾身夫小人之性引之軌制則憎己縱其无度則亂邦其知適足以知人之過而不知其所以過不知民過之由己故罪責於民而不自改若然者吾奈之何蘧伯玉曰善哉問乎戒之慎之正汝身哉反覆與會俱所以爲正身形莫若就心莫若和形不乖逆和而不同雖然之二者有患就不欲入和就者形順入者遂與同不欲出和者義濟出者自顯伐形就而入且爲顛爲滅爲崩爲蹶若遂與同則是顛危而不扶持與彼俱亡矣故當模格天地但不立小異耳心和而出且爲聲爲名爲妖爲孽自顯和之且有含垢之聲濟彼之名彼將惡其勝己妄生妖孽故當悶然若晦玄同光塵然後不可得而親不可得而疎不可得而利不可得而害彼且爲嬰兒亦

與之爲嬰兒彼且爲无町畦亦與之爲无町畦彼且爲无崖亦與之爲无崖達之入於无疵（不小立圭角以逆其鱗也）汝不知夫螳蜋乎怒其臂以當車轍不知其不勝任也是其才之美者也（夫螳蜋之怒臂非不美也以當車轍顧非敵耳今知之所无奈何而欲彊當其任卽螳蜋之怒臂也）戒之愼之積伐而美者以犯之幾矣（積汝之才伐汝之美以犯此人危殆之道）汝不知夫養虎者乎不敢以生物與之爲其殺之之怒也（恐其因有殺心而遂怒也）不敢以全物與之爲其決之之怒也（方使虎自齧分之則因用力而怒矣）時其飢飽達其怒心（知其所以怒而順之）虎之與人

不材惡名

文成本張本並有數千字

異類而媚養己者順也故其殺者逆也順理則異類生愛逆節則至親交兵夫愛馬者以筐盛矢以蜄盛溺矢溺至賤而以寶器盛之愛馬之至也適有蚉䖟僕緣僕僕然羣著馬而拊之不時雖救其患而掩馬之不意則缺銜毀首碎胸掩其不備故驚而至此意有所至而愛有所亡可不慎邪意至除患率然拊之以致毀碎失其所以愛矣故當世接物逆順之際不可不慎也

匠石之齊至乎曲轅見櫟社樹其大蔽牛絜之百圍其高臨山十仞而後有枝其可以為舟者旁十數觀者如市匠伯不顧遂行不輟弟子厭觀之走及匠石曰自吾執斧斤以隨

夫子未嘗見材如此其美也先生不肯視行不輟何邪曰已矣勿言之矣散木也以爲舟則沈以爲棺槨則速腐以爲器則速毀以爲門戶則液樠以爲柱則蠹是不材之木也无所可用故能若是之壽（不在可用之數故曰散木）匠石歸櫟社見夢曰汝將惡乎比予哉若將比予於文木邪（凡可用之木爲文木）夫柤梨橘柚果蓏之屬實熟則剝則辱大枝折小枝泄此以其能苦其生者也故不終其天年而中道夭自掊擊於世

而幾死之絶句一讀連下散人爲句

俗者也物莫不若是物皆以自用傷且予求无所可用久矣幾死乃今得之數有睥睨己者唯令匠石明之耳爲予大用積无用乃爲濟生之大用使予也而有用且得有此大也邪若有用久見伐且也若與予也皆物也奈何哉其相物也而幾死之散人又惡知散木以戲匠石匠石覺而診其夢弟子曰趣取无用則爲社何邪猶嫌其以爲社自榮不趣取於无用而已曰密若无言彼亦直寄焉社自來寄耳非此木求之爲社也以爲不知己者詬厲也言此木乃以社爲不知己而見辱病也豈榮之哉不爲社者且幾有翦乎本自以无用爲用則雖不爲社亦終不近於翦伐之害且也彼其所

神不矜能

張本作將隱可芘

保與衆異彼以无保爲保而衆以有保爲保而以義譽之不亦遠乎利人長物禁民爲非社之義也夫无用者泊然不爲而羣才自用用者各得其敘而不與焉此无用技所以全也汝以社譽之无緣近也

南伯子綦遊乎商之丘見大木焉有異結駟千乘隱將芘其所藾其枝所陰可以隱芘千乘子綦曰此何木也哉此必有異材夫仰而視其細枝則拳曲而不可以爲棟梁俯而視其大根則軸解而不可以爲棺槨咶其葉則口爛而爲傷嗅之則使人狂酲三日而不已子綦曰此果不材之木也以至於此其大也嗟乎神人以此不材

材致不祥

夫王不材於百官故百官御其事而明者爲之視聰者爲之聽知者爲之謀勇者爲之扞夫何爲哉玄默而已而羣材不失其當則不材乃材之所至賴也故天下樂推而不厭乘萬物而無害也

宋有荊氏者宜楸柏桑其拱把而上者求狙猴之杙者斬之三圍四圍求高名之麗者斬之七圍八圍貴人富商之家求禪傍者斬之故未終其天年而中道之夭於斧斤此材之患也有材者未能无惜也故解之以牛之白顙者與豚之亢鼻者與人有痔病者不可以適河巫祝解除棄此三者必妙選騂具然後敢用此皆巫祝以知之矣巫祝於此亦知不材者全所以爲不祥也此乃神人之所以爲大祥也

疏德養身

繲　佳賣反

有用致患

夫全生者天下之所謂祥也巫祝以不材爲不祥而弗用也彼乃以不祥全生乃大祥也神人者无心而順物者也故天下之所謂大祥神人不逆

支離疏者頤隱於齊肩高於頂會撮指天五管在上兩髀爲脅挫鍼治繲足以餬口鼓筴播精足以食十人上徵武士則支離攘臂於其間恃其无用故不自竄匿上有大役則支離以有常疾不受功不任作役故上與病者粟則受三鍾與十束薪役則不與賜則受之夫支離其形者猶足以養其身終其天年又況支離其德者乎神人无用於物而物各得自用歸功名於羣才與物冥而无迹故免人間之害處常美之實此支離其德也

孔子適楚楚狂接輿遊其門曰鳳兮鳳

兮何如德之衰也當順時直前盡乎會通之宜耳世之盛衰蔑然不足覺故曰何如來世不可待往世不可追也趣當盡臨時之宜耳天下有道聖人成焉天下无道聖人生焉付之自爾而理自生成生成非我也豈爲治亂易節哉治自求成故遺成而不敗亂自求生故忘生而不死方今之時僅免刑焉不瞻前顧後而盡當今之會冥然與時世爲一而後妙當可全刑名可免福輕乎羽莫之知載足能行而放之手能執而任之聽耳之所聞視目之所見知止其所不知能止其所不能用其自用爲其自爲恣其性內而无纖芥於分外此无爲之至易也无爲而性命不全者未之有也性命全而非福者理未聞也故夫福者即向之所謂全耳非假物也豈有寄鴻毛之重哉率性而動動不過分天下之至易也舉其自舉載其自載天下之至輕也然知以无崖傷性心以欲惡蕩眞故乃釋此无爲之至易而行彼有爲之至難棄夫自舉之至輕而取夫載彼之至重此世之常患也禍重乎地莫之知避舉其性內則雖負萬鈞而不覺其重也外物寄之雖重不盈錙銖有不勝任者矣爲內福也故福至輕爲外禍也故禍至重禍至重而莫之知避此世之大迷也已乎

張本作郤曲

德充符

已乎已乎臨人以德殆乎殆乎畫地而趨天畫地而使人循之其迹不可掩矣有其己而臨物與物不冥矣故大人不明我以耀彼而任彼之自明不德我以臨人而付人之自得故能彌貫萬物而玄同彼我泯然與天下爲一而内外同福也迷陽迷陽无傷吾行迷陽猶亡陽也亡陽任獨不蕩於外則吾行全矣天下皆全其吾則凡稱吾者莫不皆全也吾行郤曲无傷吾足曲成其行各自足矣山木自寇也膏火自煎也桂可食故伐之漆可用故割之人皆知有用之用而莫知无用之用也有用則與彼爲功无用則自全其生夫割肌膚以爲天下者天下之所知也使百姓不失其自全而彼我俱適者恍然不覺妙之在身也

莊子内篇德充符第五　郭象注德充於内物應於外外内玄合信若符命而遺其形骸也

鑑道

魯有兀者王駘從之遊者與仲尼相若弟子多少敵孔子常季問於仲尼曰王駘兀者也從之遊者與夫子中分魯立不教坐不議虛而往實而歸各自得而足也固有不言之教无形而心成者邪怪其形殘而心乃充足也夫心之全也遺身形忘五藏忽然獨往而天下莫能離是何人也仲尼曰夫子聖人也丘也直後而未往耳丘將以爲師而況不若丘者乎奚假魯國丘將引天下而與從之夫神全心具則體與物冥與物冥者天下之所不能遠奚但一國而已哉常季曰彼兀者也而王先生其與庸亦遠矣若然者其用心也

江南本有者字

獨若之何仲尼曰死生亦大矣 人雖曰變然死生之變變之大也 而不得與之變 彼與變俱故生死不變於彼 雖天地覆墜亦將不與之遺 斯順之也 審乎无假 明性命之固當 而不與物遷 任物之自遷 命物之化 以化爲命而无怪迕 而守其宗也 不離至當之極 常季曰何謂也仲尼曰自其異者視之肝膽楚越也 恬苦之性殊則美惡之情皆 自其同者視之萬物皆一也 雖所美不同而同有所美各美其所美則萬物一美也各是其所是則天下一是也夫因其所異而異之則天下莫不異而浩然大觀者官天地府萬物知異之不足異故因其所同而同之則天下莫不皆同又知同之不足有故因其所无而无之則是非美惡莫不皆无矣夫是我而非彼美己而惡人自中知以下至于昆蟲莫不皆然然此明乎我而不明乎彼者爾若夫玄通泯合之士因天下以明天下天下无曰我非也即明天下之无非无曰彼是也即明天下之无是无是无非混而爲一故能乘變任化迕物而不慴 夫若然

者且不知耳目之所宜宜生於不宜者也无羡无惡則
无不宜无不宜故忘其宜也
而遊心乎德之和都忘宜故无不任也都任之而不得者未
之有也无不得而不和者亦未聞也故放
心於天地之間蕩然无
不當而曠然无不適也物視其所一而不見其所
喪視喪其足猶遺土也體夫極數之妙心故能无物而
不同无物而不同則死生變化
无往而非我矣故生爲我時死爲我順時爲我聚順爲我散聚散雖異而我皆
我之則生故我耳未始有得死亦我也未始有喪夫死生之變猶以爲一既覩
其一則說然无係玄同彼我以死生爲寤寐以形骸爲逆
旅去生如脫屣斷足如遺土吾未見足以纓茀其心也常季曰彼
爲己以其知嫌王駘未能
忘知而自存得其心以其心嫌未
能遺
心而
自得得其常心物何爲最之哉夫得其常心平往者
也嫌其不能平往而
與物過常故
使物就之仲尼曰人莫鑑於流水而鑑於
止水夫止水之致鑑者非爲止以求鑑也故
王駘之聚衆衆自歸之豈引物使從己唯止能止衆

張有本正字

張本有在萬物之首五字

假古雅反一音人遐讀連上句

止（動而爲之則不能居衆物之止）受命於地唯松栢獨也在冬夏青青（夫松栢特稟自然之鍾氣故能爲衆木之傑耳其能爲而得之也）受命於天唯舜獨也正（言特受自然之正氣者至希也下首則唯有松栢上首則唯有聖人故凡不正者皆來求正耳若物皆有青全則无貴於松栢人各自正則无羨於大聖而趣之）幸能正生以正衆生（幸自能正耳非爲正以正之）夫保始之徵不懼之實勇士一人雄入於九軍將求名而能自要者而猶若是（非能遺名而无不任）而況官天地府萬物（冥然无不體也）直寓六骸（所謂逆旅）象耳目（人用耳目亦用耳目非須耳目）一知之所知而心未嘗死者乎（知與變化俱則无往而不冥此知之一者也心與死生順則无時而非生此心之未嘗死也）彼且擇日而登假人則從是也（以不失會爲擇耳斯人无擇也任其

天行而時動者也故假借之人由此而最之耳 彼且何肯以物爲事乎 其恬漠故全也

申徒嘉兀者也而與鄭子產同師於伯昏无人子產謂申徒嘉曰我先出則子止子先出則我止 羞與刖者並行 其明日又與合堂同席而坐子產謂申徒嘉曰我先出則子止子先出則我止今我將出子可以止乎其未邪 質而問之欲使必不並己 且子見執政而不違子齊執政乎 常以執政自多故直云子齊執政便謂足以明其不遜 申徒嘉曰先生之門固有執政焉如此哉 此論德之處非計位也 子而悅子之執政而後人者也

文成李張本皆無不字

笑其矜恌在位欲處物先聞之曰鑑明則塵垢不止止則不明也久與賢人處則无過今子之所取大者先生也而猶出言若是不亦過乎事明師而鄙吝之心猶未去乃真過也子產曰子既若是矣若是形殘猶與堯爭善計子之德不足以自反邪言不自顧省而欲輕蔑在位與有德者並計子之德故不足以補形殘之過申徒嘉曰自狀其過以不當亡者衆多自陳其過狀以己為不當亡者衆也不狀其過以不當存者寡默然為過自以為應死者少也知不可奈何而安之若命唯有德者能之遊於羿之彀中中央者中地也然而不中者命也羿古之善射者弓矢

張本有吾之自悟耶五字

所及爲彀中夫利害相攻則天下皆羿也自不遺身忘知與物同波者皆遊於羿之彀中耳雖張毅之出單豹之處猶未免於中地則中與不中唯在命耳而區區者各有其所遇而不知命之自爾故免乎弓矢之害者自以爲巧欣然多巳及至不免則自恨其謬而志傷神辱斯未能達命之情者也夫我之生也非我之所生也則一生之内百年之中其坐起行止動静趣舍性情知能凡所有者凡所无者凡所爲者凡所遇者皆非我也理自爾耳而横生休戚乎其中斯又逆自然而失者也

人以其全足笑吾不全足者衆矣皆不知命而有斯笑我怫然而怒見其不知命而怒斯又未知命也而適先生之所則廢然而反見至人之知命遺形故廢向者之怒而復常不知先生之洗我以善邪不知先生洗我以善道故邪我爲能自反邪斯自忘形而遺累吾與夫子遊十九年矣而未嘗知吾兀者也忘形故也今子與我遊於形骸之内而子索我於形骸之外不亦過乎形骸外矣其德内也今子與我德遊耳非與我形交而索我外

務全

好豈不過哉

子産蹵然改容更貌曰子无乃稱已悟則厭其多言也

魯有兀者叔山无趾踵見仲尼踵頻也仲尼曰子不謹前既犯患若是矣雖今來何及矣无趾曰吾唯不知務而輕用吾身吾是以亡足人之生也理自生矣直莫之爲而任其自生斯重其身而知務者也若乃忘其自生謹而矜之斯輕用其身而不知務也故五藏相攻於内而手足殘傷於外也今吾來也猶有尊足者存刖一足未足以虧其德明夫形骸者逆旅也吾是以務全之也去其矜謹任其自生斯務全也夫天无不覆地无不載天不爲覆故能常覆地不爲載故能常載使天地而爲覆載則有時而息矣使舟能沈而爲人浮則有時而没矣故物爲焉則未足以終其生也吾以夫子爲天地安知夫子之猶若是也責其不謹不及天地也

諔尺叔反

孔子曰丘則陋矣夫子胡不入乎請講以所聞无趾出聞所聞而出全其无爲也孔子曰弟子勉之夫无趾兀者也猶務學以復補前行之惡而況全德之人乎全德者生便忘生无趾語老聃曰孔丘之於至人其未邪彼何賓賓以學子爲怪其方復學於老聃彼且蘄以諔詭幻怪之名聞不知至人之以是爲已桎梏邪夫无心者人學亦學然古之學者爲已今之學者爲人其弊也遂至乎爲人之所爲矣夫師人以自得者率其常然者也舍已效人而逐物於外者求乎非常之名者也夫非常之名乃常之所生也故學者非爲幻怪也幻怪之生必由於學禮者非爲華薄也而華薄之興必由於禮斯必然之理至人之所无奈何故以爲已之桎梏老聃曰胡不直使彼以死生爲一條

德乎

以可不可爲一貫者解其桎梏其可乎欲以直理冥之冀其无迹无趾曰天刑之安可解今仲尼非不冥也顧自然之理行則影從言則嚮隨夫順物則名迹斯立而順物者非爲名也非爲名則至矣而終不免乎名則孰能解之哉故名者影嚮也影嚮者形聲之桎梏也明斯理也則名迹可遺名迹可遺則尚彼可絶尚彼可絶則性命可全矣

魯哀公問於仲尼曰衛有惡人焉曰哀駘它惡醜也丈夫與之處者思而不能去也婦人見之請於父母曰與爲人妻寧爲夫子妾者十數而未止也未嘗有聞其唱者也常和人而已矣无君人之位以濟乎人之死明物不由權勢而往无聚禄以望人之腹明非求食而往又以惡駭天下

悶門

和而不唱（明不以形美故往）知不出乎四域（非招而致之）（不役思於分外）且而雌雄合乎前（夫才全者與物无害故入獸不亂羣入鳥不亂行而爲萬物之林藪）是必有異乎人者也寡人召而觀之果以惡駭天下與寡人處不至以月數而寡人有意乎其爲人也（未經月以覺其有遠勳）不至乎期年而寡人信之國无宰寡人傳國焉（委之以國政）悶然而後應（寵辱不足以驚其神）氾而若辭（人辭亦辭）寡人醜乎卒授之國无幾何也去寡人而行寡人卹焉若有亡也若无與樂是國也是何人者也仲尼曰丘也嘗使於楚

食音飤邑錦反　眴音舜

矣適見豚子食於其死母者食乳也少焉眴若皆棄之而走不見已焉爾不得類焉爾夫生者以才德爲類死而才德去矣故生者以失類而走也故含德之厚者比於赤子无往而不爲之赤子也則天下莫之害斯得類而明己故也情苟類焉則雖形不與同而物无害心情類苟亡則雖形同母子而不足以固其志矣所愛其母者非愛其形也愛使其形者也使形者才德也戰而死者其人之葬也不以翣資翣者武所資也戰而死者无武也翣將安施刖者之屨无爲愛之所愛屨者爲足故耳皆无其本矣翣屨者以足武爲本爲天子之諸御不爪翦不穿耳全其形也取妻者止於外不得復使恐傷其形形全猶足以爲爾採擇嬪御及燕爾新昏本以形好爲意者也故形之全也猶以降至尊之情回貞女之操也而況全

德之人乎德全而物愛之宜矣今哀駘它未言而信无功而親使人授已國唯恐其不受也是必才全而德不形者也哀公曰何謂才全仲尼曰死生存亡窮達貧富賢與不肖毀譽飢渴寒暑是事之變命之行也其理故當不可逃也故人之生也非誤生也生之所有非妄有也天地雖大萬物雖多然吾之所遇適在於是則雖天地神明國家聖賢絶力至知而弗能違也故凡所不遇弗能遇也其所遇弗能不遇也凡所不爲弗能爲也其所爲弗能不爲也故付之而自當矣日夜相代乎前夫命行事變不舍晝夜推之不去留之不停故才全者隨所遇而任之而知不能規乎其始者也夫始非知之所規而故非情之所留是以知命之必行事之必變者豈於終規始在新戀故哉雖有至知而弗能規也逝者之往吾奈之何哉故不足以滑和苟知性命之固當則雖死生窮達千變萬化淡然自若而和理

在身矣不可入於靈府靈府者精神之宅也夫至足者不以憂患經神若皮外而過去使之和豫通而不失於兌苟使和性不滑靈府閒豫則雖涉乎至變不失其兌然也使日夜无郤泯然常任之而與物爲春羣生之所賴也是接而生時乎心者也順四時而俱化是之謂才全何謂德不形曰平者水停之盛也天下之平莫盛於停水也其可以爲法也无情至平故天下取正焉內保之而外不蕩也內保其明外无情爲玄鑒洞照與物无私故能全其平而行其法也德者成和之脩也事得以成物得以和謂之德也德不形者物不能離也无事不成无物不和此德之不形也是以天下樂推而不厭哀公異日以告閔子曰始也吾以南面而君天下執民之紀而憂其

德忘

脤 市軫反又音脣

㼜 烏葬反

肩 胡田反又胡恩反

死吾自以爲至通矣今吾聞至人之言恐吾无其實輕用吾身而亡吾國吾與孔丘非君臣也德友而已矣聞德充之風者雖復哀公猶欲遺形骸忘貴賤也闉跂支離无脤說衛靈公靈公悅之而視全人其脰肩肩甕㼜大癭說齊桓公桓公悅之而視全人其脰肩肩偏情一往則醜者更好而好者更醜也故德有所長而形有所忘其德長於順物則物忘其醜長於逆物則物忘其好人不忘其所忘而忘其所不忘此謂誠忘生則愛之死則棄之故德者世之所不忘也形者理之所不存也故夫忘形者非忘也不忘形而忘德也乃誠忘也故聖人有所遊遊於自得之場放之而无不至者才德全也而知爲孽約

食 飼亦如字

无情

謷 五羔反

爲膠德爲接工爲商［此四者自然相生其理已具］聖人不謀惡用知不斵惡用膠无喪惡用德不貨惡用商［自然已具故聖人无所用其已也］四者天鬻也天鬻也者天食也［言自然而稟之］既受食於天又惡用人［既稟之自然其理已足則雖沈思以免難或明戒以避禍物无妄然皆天地之會至理所趣必自思之非我思也必自不思非我不思也或思而免之或思而不免或不思而免之或不思而不免凡此皆非我也又奚爲哉任之而自至也］

有人之形［視其形貌若人］无人之情［掘若槁木之枝］有人之形故羣於人［類聚羣分自然之道］无人之情故是非不得於身［无情故付之於物也］眇乎小哉所以屬於人也［形貌若人］謷乎大哉獨成其天［无情故浩然无不任无不任者有情之所未能也故无情而獨成天也］

惠子謂莊子曰

人故无情乎莊子曰然惠子曰人而无情何以謂之人莊子曰道與之貌天與之形惡得不謂之人（人之生也非情之所生也生之所知豈情之所知哉故有情於爲離曠而弗能也然離曠以无情而聰明矣有情於爲賢聖而弗能也然賢聖以无情而賢聖也豈直賢聖絶遠而離曠難慕哉雖下愚聾瞽及雞鳴狗吠豈有情於爲之亦終不能也不問遠人與近雖去已一分顔孔之際終莫之得也是以關之萬物反取諸身耳目不能以易任成功手足不能以代司致業故嬰兒之始生也不以目求乳不以耳向明不以足操物不以手求行豈百骸无定司形貌无素主而專由情以制之哉）惠子曰既謂之人惡得无情（未解形貌之非情也）莊子曰是非吾所謂情也（以是非爲情則无是无非无好无惡者雖有形貌直是人耳情將安寄）吾所謂无情者言人之不以好惡内傷其身（任當而直前者非情也）常因自然而不益生也（止於當也）惠子曰不益

瞑音眠

生何以有其身未明生之自生理之自足莊子曰道與之貌天與之形生理已自足於形貌之中但任之則身存无以好惡內傷其身夫好惡之情非所以益生祇足以傷身以其生之有分也今子外乎子之神勞乎子之精倚樹而吟據槁梧而瞑夫神不休於性分之內則外矣精不止於自生之極則勞矣故行則倚樹而吟坐則據梧而睡言有情者之自困也天選子之形子以堅白鳴言凡子所爲外神勞精倚樹據梧且吟且睡此世之所謂情也而云天選明夫情者非情之所生而況他哉故雖萬物萬形云爲趣舍皆在无情中來又何用情於其間哉

南華眞經卷第二

槁苦老

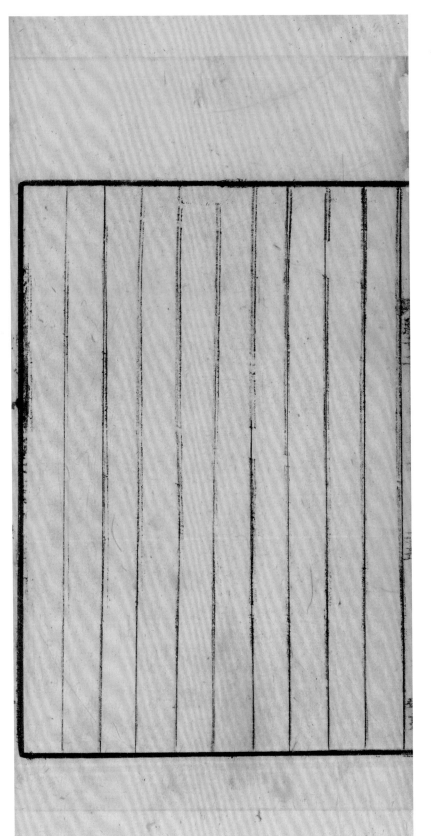

大宗師

真人行

天雈作失

南華眞經卷第三

莊子内篇大宗師第六　郭象注　雖天地之大萬物之富其所宗而師者无心也

知天之所爲知人之所爲者至矣　知天人之所爲者皆自然也則内放其身而外冥於物與衆玄同任之而无不至也　知天之所爲者天而生也　天者自然之謂也夫爲爲者不能爲而爲自爲耳爲知者不能知而知自知耳自知耳不知也不知也則知出於不知矣自爲耳不爲也不爲也則爲出於不爲矣爲出於不爲故以不爲爲生知出於不知故以不知爲宗是故眞人遺知而知不爲而爲自然而生坐忘而得故知稱絶而爲名去也

知人之所爲者以其知之所知以養其知之所不知終其天年而不中道夭者是知之盛也　人之生也形雖七尺而五常必具故雖區區之身乃舉天地以奉之故天地萬物凡所有者不可一日而

相无也一物不具則生者无由得主一理不至則天年无緣得終然身之所有
者知或不知也理之所存者爲或不爲也故知之所知者寡而身之所有者衆
爲之所爲者少而理之所存者博在上者莫能器之而求其備焉人之所知不
必同而所爲不敢異異則僞成矣僞成而眞不喪者未之有也或好知不倦以
困其百體所好不過一枝而舉根俱弊斯以其所知而害所不知也若夫知之
盛也知人之所爲者有分故任而不彊也知人之所知者有極故用而不蕩也
故所知不以无崖自困則一體之中知與不知
闇相與會而俱全矣斯以其所知養所不知也雖然有患雖知盛未若遺知任
天之天患也夫知有所待而後當夫知者未能无可无不可故必有待也若乃任天而
生者則遇物而當也其所待者特未定也有待則无定也庸詎知
吾所謂天之非人乎所謂人之非天乎
我生有崖天也心欲益之人也然此人之所謂耳物无非天也天也者自然也人皆自然則治亂成敗遇與不遇非人爲也皆自然耳且有
眞人而後有眞知有眞人而後天下之知皆得其眞而不可亂也何謂眞
人古之眞人不逆寡凡寡皆不逆則所順者衆不雄成不恃其成

假 更百反

嗌 益又音厄

而處物先不謩士縱心直前而羣士自合非謀謩以致之若然者過而弗悔當而不自得也直自全當而无過耳非以得失經心若然者登高不慄入水不濡入火不熱是知之能登假於道也若此言夫知之登至於道者若此之遠也理固自全非畏死也故眞人陸行而非避濡也遠火而非逃熱也无過而非措當也故雖不以熱爲熱而未嘗赴火不以濡爲濡未嘗蹈水不以死爲死未嘗喪生故夫生者豈生之而生哉成者豈成之而成哉故任之而无不至者眞人也豈有槩意於所遇哉古之眞人其寢不夢无意想也其覺无憂當所遇而安也其食不甘理當食耳其息深深眞人之息以踵乃在根本中來衆人之息以喉屈服者其嗌言若哇氣不平暢其耆欲深者其天機淺深根寧極然後反一无欲古之眞人不知悅生不知惡

死（與化為體）其出不訢其入不距（泰然而任之）翛然而往翛然而來而已矣（寄之至理故往來而不難）不忘其所始不求其所終（終始變化皆忘之矣豈直逆忘其生而猶復探求死意也）受而喜之（不問所受者何物遇之而无不適也）忘而復之（復之不由於識乃至）是之謂不以心捐道不以人助天是之謂眞人（人生而靜天之性也感物而動性之欲也物之感人无窮人之逐欲无節則天理滅矣眞人知用心則背道助天則傷生故不為也）若然者其心志（所居而安為志）其容寂（雖行而无傷於靜）其顙頯（頯大朴之貌）淒然似秋（殺物非為威也）煖然似春（生物非為仁也）喜怒通四時（夫體道合變者與寒暑同其溫嚴而未嘗有心也然有溫嚴之貌生殺之節故寄名於喜怒）與物有宜而莫知其極（无心於物故不奪物宜无物不宜故莫知其極）故聖人之用

頯（去軌反又苦對反）

煖（音暄）

兵也亡國而不失人心利澤施乎萬世不爲愛人 因人心之所欲亡而亡之故不失人心也夫白日登天六合俱照非愛人而照之也故聖人之在天下煖焉若陽春之自和故蒙澤者不謝淒乎若秋霜之自降故彫落者不怨 故樂通物非聖人也 夫聖人无樂也直莫之塞而物自通 有親非仁也 至仁无親任理而自存 天時非賢也 時之者未若忘時而自合之賢也 利害不通非君子也 不能一是非之塗而就利違害則傷德而累當矣 行名失己非士也 善爲士者遺名而自得故名當其實而福應其身 亡身不眞非役人也 自失其性而矯以從物受役多矣安能役人 若狐不偕務光伯夷叔齊箕子胥餘紀他申徒狄是役人之役適人之適而不自適其適者也 斯皆舍己效人徇彼傷我也 古之眞人其狀義而

崔千罪反
滀勑六反
謷五羔反
悗亡本反

不朋（與物同宜而非朋黨）若不足而不承（沖虛无餘如若不足也下之而无不上若不足而不承也）與乎其觚而不堅也（常遊於獨而非固守）張乎其虛而不華也（曠然无懷乃至於實）邴邴乎其似喜乎（至人无喜暢然和適故似喜也）崔乎其不得已乎（動靜行止常居必然之極）滀乎進我色也（不以物傷己也）與乎止我德也（无所趣也）厲乎其似世乎（至人无厲與世同行故若厲也）謷乎其未可制也（高放而自得）連乎其似好閉也（緜邈深遠莫見其門）悗乎忘其言也（不識不知而天機自發故悗然也）以刑為體（刑者治之體非我為）以禮為翼（禮者世之所以自行耳非我制）以知為時（知自時之動非我唱）以德為循（德者自彼所循非我作）以刑為體者綽乎其殺也（任治之自殺故雖殺而寬）以禮為

翼者所以行於世也（順世之所行故无不行）以知爲時者不得已於事也（夫高下相受不可逆之流也小大相君不得已之勢也曠然无情羣知之府也承百流之會居師人之極者奚爲哉任時世之知委必然之事付之天下而已）以德爲循者言其與有足者至於丘也（丘者所以本也以性言之則性之本也夫物各有足足於本也付羣德之自循斯與有足者至於本也本至而理盡矣）而人眞以爲勤行者也（凡此皆自彼而成成之不在己則雖處萬機之極而常閒暇自適忽然不覺事之經身悗然不識言之在口而人之大迷眞謂至人之爲勤行者也）故其好之也一其弗好之也一（常无心而順彼故好與不好所善所惡與彼无二也）其一也一其不一也一（其一也天徒也其不一也人徒也夫眞人同天人均彼我不以其一異乎不一）其一與天爲徒（无有而不一者天也）其不一與人爲徒（彼彼而我我者人也）天與人不相勝也是之謂眞人

夫眞人同天人齊萬致萬致不相非天人不相勝故曠然无不一冥然无不在而玄同彼我也死生命也其有夜旦之常天也其有晝夜之常天之道也故知死生者命之極非妄然也若夜旦耳奚所係哉人之有所不得與皆物之情也夫眞人在晝得晝在夜得夜以死生爲晝夜豈有所不得乎人之有所不得而憂娛在懷皆物情耳非理也彼特以天爲父而身猶愛之而況其卓乎卓者獨化之謂也夫相因之功莫若獨化之至也故人之所因者天也天之所生者獨化也人皆以天爲父故晝夜之變寒暑之節猶不敢惡隨天安之況乎卓爾獨化至於玄冥之境又安得而不任之哉既任之則死生變化唯命之從也人特以有君爲愈乎己而身猶死之而況其眞乎夫眞者不假於物而自然也夫自然之不可避豈直君命而已哉泉涸魚相與處於陸相呴以濕相濡以沫不如相忘於江湖與其不足而相愛豈若有餘而相忘與其譽堯而非

不遯化

桀也不如兩忘而化其道夫非譽皆生於不足故至足者忘善惡遺死生與變
化爲一曠然无不適矣又安知堯桀之所在邪夫大塊載我以形勞我以
生佚我以老息我以死夫形生老死皆我也故形爲我載生爲我勞老爲我佚死爲我
息四者雖變未始非我我奚惜哉故善吾生者乃所以善吾死
也死與生皆命也无善則已有善則生不獨善也故若以吾生爲善乎則吾死亦善也夫藏舟於壑藏
山於澤謂之固矣方言死生變化之不可逃故先舉固逃之極然後明之以必變之符將任化而无係
也然而夜半有力者負之而走昧者不
知也夫无力之力莫大於變化者也故乃揭天地以趨新負山嶽以舍故故不暫停忽已涉新則天地萬物无時而不移也世皆新矣而自以
爲故舟日易矣而視之若舊山日更矣而視之若前今交一臂而失之皆在冥中去矣故向者之我非復今我也我與今俱往豈常守故哉而世莫之覺橫謂
今之所遇可係而在豈不昧哉藏小大有宜猶有所遯不知與化爲體而思藏之使不

化則雖至深至固各得其所宜而无以禁其日變也故夫藏而有之者不能止其遯也无藏而任化者變不能變也若夫藏天下於天下而不得所遯是恒物之大情也无所藏而都任之則與物无不冥與化无不一故无外无内无死无生體天地而合變化索所遯而不得矣此乃常存之大情非一曲之小意特犯人之形而猶喜之若人之形者萬化而未始有極也人形乃是萬化之一遇耳未獨喜也无極之中所遇者皆若人耳豈特人形可喜而餘物无樂邪其爲樂可勝計邪本非人而化爲人化爲人失於故矣失故而喜喜所遇也變化无窮何所不遇所遇而樂樂豈有極乎故聖人將遊於物之所不得遯而皆存夫聖人遊於變化之塗放於日新之流萬物萬化亦與之萬化化者无極亦與之无極誰得遯之哉夫於生爲亡而於死爲存於死爲存則何時而非存哉善夭善老善始善終人猶效之此自均於百年之内不善少而否老未能體變化齊死生也然其平粹猶足以師人也又況萬物之

得妙道

所係而一化之所待乎此玄同萬物而與化爲體故其爲天下之所宗也不亦宜乎夫道有情有信无爲无形有无情之情故无爲也有常无之信故无形也可傳而不可受古今傳而宅之莫能受而有之可得而不可見咸得自容而莫見其狀自本自根未有天地自古以固存明无不待有而无也神鬼神帝生天生地无也豈能生神哉不神鬼帝而鬼帝自神斯乃不神之神也不生天地而天地自生斯乃不生之生也故夫神之果不足以神而不神則神矣功何足有事何足恃哉在太極之先而不爲高在六極之下而不爲深先天地生而不爲久長於上古而不爲老言道之无所不在也故在高爲无高在深爲无深在久爲无久在老爲无老无所不在而所在皆无也且上下无不格者不得以高卑稱也外内无不至者不得以表裏名也與化俱移者不得言久也終始常无者不可謂老也狶韋氏得之以挈

禺虞

天地伏戲得之以襲氣母維斗得之終古不忒日月得之終古不息堪坏得之以襲崑崙馮夷得之以遊大川肩吾得之以處大山黃帝得之以登雲天顓頊得之以處玄宮禺強得之立乎北極西王母得之坐乎少廣莫知其始莫知其終彭祖得之上及有虞下及五伯傅說得之以相武丁奄有天下乘東維騎箕尾而比於列星道无能也此言得之於道乃所以明其自得耳道不能使之得也我之未得又不能為得也然則凡得之者外不資於道內不由於己掘然自得而獨化也夫生之難也猶獨化而自得之矣既得其生又何患於生之不得而為之哉故夫為生果

崔本列星下又有其生無父母死登假三年而形遯此言神之不能名者也凡

才道相得

偊畾

參三

（不足以全生以其生之不由於己爲也而爲之則傷其眞生也）南伯子葵問乎女偊曰子之年長矣而色若孺子何也曰吾聞道矣（聞道則任其自生故氣色全也）南伯子葵曰可得學邪曰惡惡可子非其人也夫卜梁倚有聖人之才而无聖人之道我有聖人之道而无聖人之才吾欲以教之庶幾其果爲聖人乎不然以聖人之道告聖人之才亦易矣吾猶守而告之參日而後能外天下（外猶遺也）已外天下矣吾又守之七日而後能外物（物者朝夕所須切己難忘）已外物矣吾又守之九

李玄葵當作綦

日而後能外生（都遺也）已外生矣而後能朝徹（遺生則不惡死不惡死故所遇即安豁然无滯見機而作斯朝徹也）朝徹而後能見獨（當所遇而安之忘先後之所接斯見獨者也）見獨而後能无古今（與獨俱往）无古今而後能入於不死不生（夫係生故有死惡死故有生是以无係无惡然後能无死无生）殺生者不死生生者不生其爲物无不將也（任其自將故无不將）无不迎也（任其自迎故无不迎）无不毀也（任其自毀故无不毀）无不成也（任其自成故无不成）其名爲攖寧（夫與物冥者物縈亦縈而未始不寧也）攖寧也者攖而後成者也（物縈而獨不縈則敗矣故縈而任之則莫不曲成也）南伯子葵曰子獨惡乎聞之曰聞諸副墨之子副墨之子聞諸洛誦之孫洛誦之孫

於烏

死生友

聞之瞻明瞻明聞之聶許聶許聞之需役需役聞之於謳於謳聞之玄冥玄冥者所以名无而非无玄冥聞之參寥參寥夫階名以至无者必得无於名表故雖玄冥猶未極而又推寄於參寥亦玄之又玄也參寥聞之疑始夫自然之理有積習而成者蓋階近以至遠研粗以至精故乃七重而後及无之名九重而後疑无是始也子祀子輿子犁子來四人相與語曰孰能以无爲首以生爲脊以死爲尻孰知死生存亡之一體者吾與之友矣四人相視而笑莫逆於心遂相與爲友俄而子輿有病子祀往問之曰偉哉夫造物者將以予爲此拘拘也曲僂發

句倶槁反又古侯反

跰蹮步田反下悉田反

背上有五管頤隱於齊肩高於頂句贅指天陰陽之氣有沴沴陵亂也其心閒而无事不以爲患跰蹮而鑑于井曰嗟乎夫造物者又將以予爲此拘拘也夫任自然之變者无嗟也與物嗟耳子祀曰汝惡之乎曰亡予何惡浸假而化予之左臂以爲雞予因以求時夜浸假而化予之右臂以爲彈予因以求鴞炙浸假而化予之尻以爲輪以神爲馬予因而乘之豈更駕哉浸漸也夫體化合變則无往而不因无因而不可也且夫得者時也當所遇之時世謂之得失者順也時不暫停順往而去世謂之失安時而

處順哀樂不能入也此古之所謂縣解也而不能自解者物有結之一不能自解則衆物共結之矣故能解則无所不解不解則无所而解也且夫物不勝天久矣吾又何惡焉天不能无晝夜我安能无死生而惡之哉俄而子來有病喘喘然將死其妻子環而泣之犁往問之曰叱避无怛化夫死生猶寤寐耳於理當寐不願人驚之將化而死无爲怛之也倚其戶與之語曰偉哉造化又將奚以汝爲將奚以汝適以汝爲鼠肝乎以汝爲蟲臂乎子來曰父母於子東西南北唯命之從陰陽於人不翅於父母自古或有能違父母之命者未有能違陰陽之變而距晝夜之節者也

彼近吾死而我不聽我則捍矣彼何罪焉死生猶晝夜耳未足爲遠也時當死亦非所禁而横有不聽之心適足捍逆於理以速其死其死之速由於我捍非死之罪也彼謂死耳在生故以死爲彼夫大塊載我以形勞我以生佚我以老息我以死故善吾生者乃所以善吾死也理常俱也今大冶鑄金金踊躍曰我且必爲鏌鋣大冶必以爲不祥之金今一犯人之形而曰人耳人耳夫造化者必以爲不祥之人人耳人耳唯願爲人也亦猶金之踊躍世皆知金之不祥而不能任其自化夫變化之道靡所不遇今一一遇人形豈故爲哉生非故爲時自生耳矜而有之不亦妄乎今一以天地爲大鑪以造化爲大冶惡乎往而不可哉人皆知金之有係爲不祥故明

相忘友

撓而小反　挑徒了反

張作侍

已之无異於金則所係之情可解可解則无不可也成然寐蘧然覺寐寤自若不以死生累心子桑戶孟子反子琴張三人相與友曰孰能相與於无相與相爲於无相爲夫體天地冥變化者雖手足異任五藏殊管未嘗相與而百節同和斯相與於无相與也未嘗相爲而表裏俱濟斯相爲於无相爲也若乃役其心志以恤手足運其股肱以營五藏則相營愈篤而外内愈困矣故以天下爲一體者无愛爲於其間也孰能登天遊霧撓挑无極无所不任相忘以生无所終窮忘其生則无不忘矣故能隨變任化无所窮竟三人相視而笑莫逆於心遂相與友若然者豈友哉蓋寄明至親而无愛念之近情也莫然有閒而子桑戶死未葬孔子聞之使子貢往待事焉或編曲或鼓琴相和而歌曰嗟來桑戶乎嗟來

桑戶乎而已反其眞而我猶爲人猗人哭亦哭

俗内之迹也齊死生忘哀樂臨尸能歌方外之至也子貢趨而進曰敢問臨尸而歌禮乎二人相視而笑曰是惡知禮意夫知禮意者必遊外以經内守母以存子稱情而直往也若乃矜乎名聲牽乎形制則孝不任誠慈不任實父子兄弟懷情相欺豈禮之大意哉

子貢反以告孔子曰彼何人者邪脩行无有而外其形骸臨尸而歌顔色不變无以命之彼何人者邪孔子曰彼遊方之外者也而丘遊方之内者也夫理有至極外内相冥未有極遊外之致而不冥於内者也未有能冥於内而不遊於外者也故聖人常遊外以冥内无心以順有故雖終日揮形而神氣无變俯仰萬機而淡然自若夫見形而不及神者天下之常累也是故覩其與羣物並行則莫能謂之遺物而離人矣觀其體化而應務則莫能謂之坐忘而自得矣豈直謂聖人不然哉乃必

疣尤　𤶅胡亂反　倪崖

謂至理之无此是故莊子將明流統之所宗以釋天下之可悟若直就稱仲尼之如此或者將據所見以排之故超聖人之內迹而寄方外於數子宜忘其所寄以尋述作之大意則夫遊外弘內之道坦然自明而莊子之書故是涉俗蓋世之談矣外內不相及而丘使汝往弔之丘則陋矣夫弔者方內之近事也施之於方外則陋矣彼方且與造物者為人而遊乎天地之一氣皆冥之故无二彼以生為附贅縣疣若疣之自縣贅之自附此氣之時聚非所樂也以死為決𤶅潰癰若𤶅之自決癰之自潰此氣之自散非所惜也夫若然者又惡知死生先後之所在死生代謝未始有極與之俱往則无往不可故不知勝負之所在也假於異物託於同體假因也今死生聚散變化无方皆異物也无異而不假故所假雖異而共成一體也忘其肝膽遺其耳目任之於理而冥往也反覆終始不知端倪五藏猶忘何物足識哉未始有識故能放身於變化之塗玄同

憒古内反亂也

於反覆之波而不知終始之所極也芒然彷徨乎塵垢之外逍遙乎无爲之業所謂无爲之業非拱默而已所謂塵垢之外非伏於山林也彼又惡能憒憒然爲世俗之禮以觀衆人之耳目哉其所以觀示於衆人者皆其塵垢耳非方外之真物也子貢曰然則夫子何方之依子貢不聞性與天道故見其所依而不見其所以依也夫所以依者不依也世豈覺之哉曰丘天之戮民也以方内爲桎梏明所貴在方外也夫遊外者依内離人者合俗故有天下者无以天下爲也是以遺物而後能入羣坐忘而後能應務愈遺之愈得之苟居斯極則雖欲釋之而理固自來斯乃天人之所不赦者也雖然吾與汝共之雖爲世所桎梏但爲與汝共之耳明己恒自在外也子貢曰敢問其方問所以遊外而共内之意孔子曰魚相造乎水人相造乎道相造乎水者穿池而養給相造乎道者

無情死

无事而生定所造雖異其於由无事以得事自方外以共內然後養給而生定則莫不皆然也俱不自知耳故成无爲也故曰魚相忘乎江湖人相忘乎道術各自足而相忘者天下莫不然也至人常足故常忘也子貢曰敢問畸人問向之所謂方外而不耦於俗者又安在也曰畸人者畸於人而侔於天夫與內冥者遊於外也獨能遊外以冥內任萬物之自然使天性各足而帝王道成斯乃畸於人而侔於天也故曰天之小人人之君子人之君子天之小人也以自然言之則人无小大以人理言之則侔於天者可謂君子矣

顏回問仲尼曰孟孫才其母死哭泣无涕中心不慼居喪不哀无是三者以善喪蓋魯國固有无其實而得其名者乎回壹怪之魯國觀其禮而顏回察其心仲尼

曰夫孟孫氏盡之矣進於知矣（盡死生之理應內外之宜者動而以天行非知之匹也）唯簡之而不得（簡擇死生而不得其異若春秋冬夏四時行耳）夫已有所簡矣孟孫氏不知所以生不知所以死（已簡而不得故无不安无不安故不以生死槩意而付之自化也）不知就先不知就後（所遇而安）若化爲物（不違化也）以待其所不知之化已乎（死生宛轉與化爲一猶乃忘其所知於當今豈待所未知而豫憂者哉）且方將化惡知不化哉方將不化惡知已化哉（已化而生焉知未生之時哉未化而死焉知已死之後哉故无所避就而與化俱往也）吾特與汝其夢未始覺者邪（夫死生猶覺夢耳今夢自以爲覺則无以明覺之非夢也苟无以明覺之非夢則亦无以明生之非死矣死生覺夢未知所在當其所遇无不自得何爲在此而憂彼哉）且彼有駭形而无損心（以變化爲

崔本乃作惡

形之駭動耳故不以死生損累其心有旦宅而无情死以形骸之變爲旦宅之日新耳其情不以爲死孟孫氏特覺人哭亦哭是自其所以乃夫常覺者无往而有逆也故人哭亦哭正自是其所宜也且也相與吾之耳矣夫死生變化吾皆吾之既皆是吾吾何失矣未始失吾吾何憂哉无逆故人哭亦哭无憂故哭而不哀庸詎知吾所謂吾之乎靡所不吾也故玄同外内彌貫古今與化日新豈知吾之所在也且汝夢爲鳥而厲乎天夢爲魚而没於淵言无往而不自得也不識今之言者其覺者乎其夢者乎夢之時自以爲覺則焉知今者之非夢邪亦焉知其非覺邪覺夢之化无往而不可則死生之變无時而足惜也造適不及笑獻笑不及排所造皆適則忘適矣故不及笑也排者推移之謂也夫禮哭必哀獻笑必樂哀樂存懷則不能與適推移矣今孟孫常適故哭而不哀與化俱往也安排而去化乃入於寥天一安於推移

游道成

軹之是反

恣七咨反　睢許維反

而與化俱去故乃入於寂寥而與天爲一也自此以上至于子祀其致一也所執之喪異故歌哭不同意而子見許由許由曰堯何以資汝資者給濟之謂意而子曰堯謂我汝必躬服仁義而明言是非許由曰而奚來爲軹夫堯既已黥汝以仁義而劓汝以是非矣汝將何以遊夫遙蕩恣睢轉徙之塗乎言其將以形教自虧殘而不能復遊夫自得之場无係之塗也意而子曰雖然吾願遊於其藩不敢復求涉中道也且願遊其藩傍而已許由曰不然夫盲者无以與乎眉目顏色之好瞽者无以與乎青黃黼黻之觀意而子曰夫无莊之失其美據梁之失

坐忘

䪡子兮反碎也

其力黃帝之亡其知皆在鑪錘之間耳言天下之物未必皆自成也自然之理亦有須冶鍛而爲器者耳故此之三人亦皆聞道而後亡其所務也此皆寄言以遣云爲之累庸詎知夫造物者之不息我黥而補我劓使我乘成以隨先生邪夫率然直往者自然也往而傷性性傷而能改者亦自然也庸詎知我之自然當不息黥補劓而乘可成之道以隨夫子邪而欲棄而勿告恐非造物之至許由曰噫未可知也我爲汝言其大略吾師乎吾師乎䪡萬物而不爲義澤及萬世而不爲仁皆自爾耳亦无愛爲於其間也安所寄其仁義長於上古而不爲老日新也覆載天地刻彫衆形而不爲巧自然故非巧也此所遊已遊於不爲而師於无師也顏回曰回益矣以損之爲益也仲尼曰

何謂也曰回忘仁義矣曰可矣猶未也仁者兼愛之迹義者成物之功愛之非仁仁迹行焉成之非義義功見焉存夫仁義不足以知愛利之由无心故忘之可也但忘功迹故猶未玄達它日復見曰回益矣曰何謂也曰回忘禮樂矣曰可矣猶未也禮者形體之用樂者樂生之具忘其具未若忘其所以具也它日復見曰回益矣曰何謂也曰回坐忘矣仲尼蹵然曰何謂坐忘顏回曰墮枝體黜聰明離形去知同於大通此謂坐忘夫坐忘者奚所不忘哉既忘其迹又忘其所以迹者內不覺其一身外不識有天地然後曠然與變化爲體而无不通也仲尼曰同則无好也无物不同則未嘗不適未嘗不適何好何惡哉化則无常也同於化者唯化所適故无常也而果其賢乎丘也請從而後也

推極委命

趨七住反

應帝王

子輿與子桑友而淋雨十日子輿曰子桑殆病矣裹飯而往食之此二人相爲於无相爲者也今裹飯而相食者乃任之天理而自爾非相爲而後往也至子桑之門則若歌若哭鼓琴曰父邪母邪天乎人乎有不任其聲而趨舉其詩焉子輿入曰子之歌詩何故若是嫌其有情所以趨出遠理曰吾思夫使我至此極者而弗得也父母豈欲吾貧哉天无私覆地无私載天地豈私貧我哉求其爲之者而不得也然而至此極者命也夫言物皆自然无爲之者也

莊子內篇應帝王第七　郭象注夫无心而任乎自化者應

不言之教

倪五兮反

爲帝三也

齧缺問於王倪四問而四不知齧缺因躍而大喜行以告蒲衣子蒲衣子曰而乃今知之乎有虞氏不及泰氏夫有虞氏之與泰氏皆世事之迹耳非所以迹也所以迹者无迹也世執名之哉未之嘗名何勝負之有邪然无迹者乘羣變履萬世世有夷險故迹有不及也有虞氏其猶藏仁以要人亦得人矣而未始出於非人夫以所好爲是人所惡爲非人者唯以是非爲域者也夫能出於非人之域者必入於无非人之境矣故无得无失无可无不可豈直藏仁而要人也泰氏其卧徐徐其覺于于一以己爲馬一以己爲牛夫如是又奚是人非人之有哉斯可謂出於非人之域其知情信任其自知故情信其德甚眞任其自得故无僞而未始

無爲之治

張本有虞民二字

入於非人不入乎是非之域所以絶於有虞之世肩吾見狂接輿狂接輿曰日中始何以語汝肩吾曰告我君人者以己出經式義度人孰敢不聽而化諸狂接輿曰是欺德也以己制物則物失其眞其於治天下也猶涉海鑿河而使蚉負山也夫寄當於萬物則无事而自成以一身制天下則功莫就而任不勝也夫聖人之治也治外乎全其性分之內而已正而後行各正性命確乎能其事者而已矣不爲其所不能且鳥高飛以避矰弋之害鼷鼠深穴乎神丘之下以避熏鑿之患禽獸猶各有以自存故帝王任之而不爲則自成也而曾二蟲之无知言汝曾不知此二蟲之各存而

中 仲

自然之化

壙苦廣反 埌力黨反

帠魚藝又魚例反

（不待教乎）天根遊於殷陽至蓼水之上適遭无名人而問焉曰請問爲天下无名人曰去汝鄙人也何問之不豫也（問爲天下則非起於太初止於玄冥也）予方將與造物者爲人（任人之自爲）厭則又乘夫莽眇之鳥以出六極之外而遊无何有之鄉以處壙埌之野（莽眇羣碎之謂耳乘羣碎馳萬物故能出處常通而无狹滯之地）汝又何帠以治天下感予之心爲（言皆放之自得之場則不治而自治也）又復問无名人曰汝遊心於淡（任其性而无所飾焉則淡矣）合氣於漠（漠然靜於性而止）順物自然而无容私焉而天下治矣（任性自生公也心欲益之私也容私果不足以生生而順公乃全也）

聖人無名

易亦又以豉反

斄來又音貍

陽子居見老聃曰有人於此嚮疾彊梁物徹疏明學道不勌如是者可比明王乎老聃曰是於聖人也胥易技係勞形怵心者也言此功夫容身不得不足以比聖王且也虎豹之文來田猨狙之便執斄之狗來藉如是者可比明王乎此皆以其文章技能係累其身非涉虛以御乎无方也陽子居蹵然曰敢問明王之治老聃曰明王之治功蓋天下而似不自己天下若无明王則莫能自得今之自得實明王之功也然功在无爲而還任天下天下皆得自任故似非明王之功化貸萬物而民弗恃夫明王皆就足物性故人人皆云我自爾而莫知恃賴於明王有莫舉名使物自喜雖有蓋天下之功而不舉以爲己名故物

皆自以爲得而喜立乎不測居變化之塗日新而无方而遊於无有者也與萬物爲體則所遊者虛也不能冥物則迕物不暇何暇遊虛哉鄭有神巫曰季咸知人之死生存亡禍福壽夭期以歲月旬日若神鄭人見之皆棄而走不喜自聞死日也列子見之而心醉歸以告壺子曰始吾以夫子之道爲至矣則又有至焉者矣謂季咸之至又過於夫子壺子曰吾與汝既其文未既其實而固得道與衆雌而无雄而又奚卵焉言列子之未懷道也而以道與世亢必信夫故使人得而相汝未懷道則有心有心而亢其一方以必信於世故可得而相之嘗試與來以予

江南本作止

示之明日列子與之見壺子出而謂列子曰嘻子之先生死矣弗活矣不以旬數矣吾見怪焉見濕灰焉列子入泣涕沾襟以告壺子壺子曰鄉吾示之以地文萌乎不震不正萌然不動亦不自正與枯木同其不華濕灰均於寂魄此乃至人无感之時也夫至人其動也天其靜也地其行也水流其止也淵默淵默之與水流天行之與地止其於不爲而自爾一也今季咸見其尸居而坐忘即謂之將死覩其神動而天隨因謂之有生誠應不以心而理自玄符與變化升降而以世爲量然後足爲物主而順時无極故非相者所測耳此應帝王之大意也是殆見吾杜德機也德機不發曰杜嘗又與來明日又與之見壺子出而謂列子曰幸矣子之先生遇我也有瘳矣全然有生矣吾

齊 側皆反

司馬云審當爲蟠聚也崔作潘云回流所鍾之域

見其杜權矣〔權機也今乃自覺昨日之所見見其杜權故謂之將死〕列子入以告壺子壺子曰鄉吾示之以天壤〔天壤之中覆載之功見矣比之地文不猶外乎此應感之容也〕名實不入〔任自然而覆載則天機玄應而名利之飾皆爲棄物〕而機發於踵〔常在極上起〕是殆見吾善者機也〔機發而善於彼彼乃見之〕嘗又與來明日又與之見壺子出而謂列子曰子之先生不齊吾无得而相焉試齊且復相之列子入以告壺子壺子曰吾鄉示之以太沖莫勝〔居太沖之極浩然泊心而玄同萬方故勝負莫得措其閒也〕是殆見吾衡氣機也〔无往不平混然一之以管闚天者莫見其涯故似不齊〕鯢桓之審爲淵止水之審爲淵流水

弟音頹文回反

之審爲淵淵有九名此處三焉淵者靜默之謂耳夫水常无心委順外物故雖流之與止鯢桓之與龍躍常淵然自若未始失其靜默也夫至人用之則行捨之則止行止雖異而玄默一焉故略舉三異以明之雖波流九變治亂紛如居其極者常淡然自得泊乎忘爲也嘗又與來明日又與之見壺子立未定自失而走壺子曰追之列子追之不及反以報壺子曰已滅矣已失矣吾弗及已壺子曰鄉吾示之以未始出吾宗雖變化无常而常深根寧極也吾與之虛而委蛇无心而隨物化不知其誰何汎然无所係也因以爲茀靡因以爲波流故逃也變化頹靡世事波流无往而不因也夫至人一耳然應世變而時動故相者无所措其目自失而走此明應帝王者无方也然後列子自以爲未始學而歸

三年不出爲其妻爨食豕如食人忘貴賤也於事无與親唯所遇耳彫琢復朴去華取實塊然獨以其形立外飾去也紛而封哉雖動而真不散也一以是終使物各自終无爲名尸因物則物各自當其名也无爲謀府使物各自謀也无爲事任付物使各自任无爲知主无心則物各自主其知也體盡无窮因天下之自爲故馳萬物而无窮而遊无朕任物故无迹盡其所受乎天足則止也而无見得見得則不知止亦虛而已不虛則不能任羣實至人之用心若鏡鑒物而无情不將不迎應而不藏來即應去即止故能勝物而不傷物來乃鑒鑒不以心故雖天下來照而无勞神之累

南海之帝爲儵北海之帝爲忽中央之

帝爲渾沌儵與忽時相與遇於渾沌之地渾沌待之甚善儵與忽謀報渾沌之德曰人皆有七竅以視聽食息此獨无有嘗試鑿之日鑿一竅七日而渾沌死爲者敗之

南華眞經卷第三

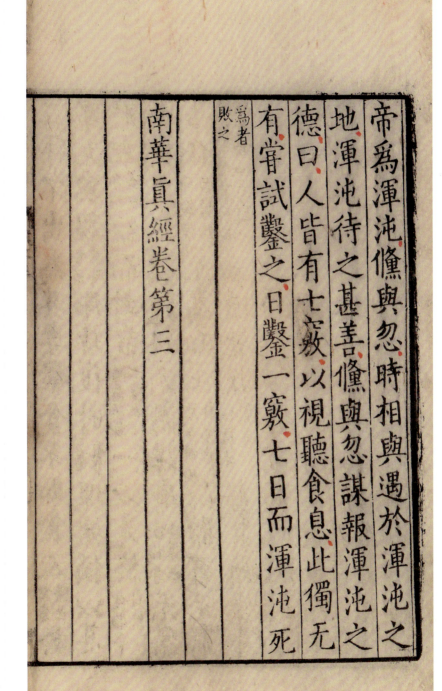

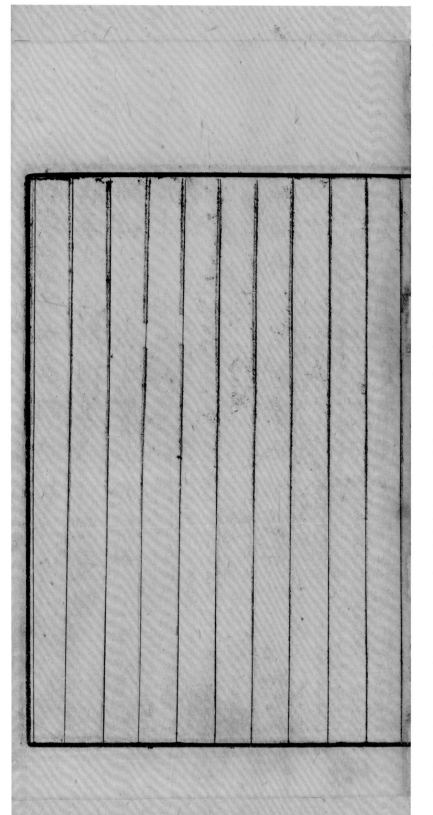

養正性命

駢拇

南華眞經卷第四

莊子外篇駢拇第八　郭象注

駢拇枝指出乎性哉而侈於德附贅縣疣出乎形哉而侈於性夫長者不爲有餘短者不爲不足此則駢贅皆出於形性非假物也然駢與不駢其於各足而此獨駢枝則於衆以爲多故曰侈耳而惑者或云非性因欲割而棄之是道有所不存德有所不載而人有棄才物有棄用也豈是至治之意哉夫物有小大能有少多所大即駢所多即贅駢贅之分物皆有之若莫之任是都棄萬物之性也多方乎仁義而用之者列於五藏哉而非道德之正也夫與物冥者无多也故多方於仁義者雖列於五藏然自一家之正耳未能與物无方而各正性命故曰非道德之正夫方之少多天下未之有限然少多之差各有定分豪芒之際即不可以相跂故各守其方則少多无不自得而或者闚多之不足以正少因欲棄多而任少是舉天下而棄之不亦妄乎是故駢於足者連无用之肉也枝於

謂仁義

此篇非聖人之所

手者樹无用之指也（直自性命不得不然非以有用故然也）多方駢枝於五藏之情者淫僻於仁義之行（五藏之情直自多方耳而少者横復尚之以至淫僻而失至當於體中也）而多方於聰明之用也（聰明之用各有本分故多方不爲有餘少方不爲不足然情欲之所蕩未嘗不賤少而貴多也見夫可貴而矯以尚之則自多於本用而困其自然之性若乃忘其所貴而保其素分則與性无多而異方俱全矣）是故駢於明者亂五色淫文章青黃黼黻之煌煌非乎而離朱是已多於聰者亂五聲淫六律金石絲竹黃鍾大呂之聲非乎而師曠是已（夫有耳目者未嘗以慕聾盲自困也所困常在於希離慕曠則離曠雖性聰明乃是亂耳目之主也）枝於仁者擢德塞性以收名聲使天下簧鼓以奉不及之

纍力彼反　瓦危委反

跂其知反

法非乎而曾史是已夫曾史性長於仁耳而性不長者横復慕之慕之而仁仁已僞矣天下未嘗慕桀跖而必慕曾史則曾史之簧鼓天下使失其眞性甚於桀跖也駢於辯者纍瓦結繩竄句遊心於堅白同異之間而敝跬譽无用之言非乎而楊墨是已夫騁其奇辯致其危辭者未曾容思於檮杌之口而必競辯於楊墨之間則楊墨乃亂羣言之主也故此皆多駢旁枝之道非天下之至正也此數子皆師其天性直自多駢旁枝各自是一家之正耳然以一正萬則萬不正矣故至正者不以己正天下使天下各得其正而已彼正正者不失其性命之情物各任性乃正正也自此已下觀之至正可見矣故合者不爲駢以枝正合乃謂合爲駢枝者不爲跂以合正枝乃謂枝爲跂長者不爲有餘以短正長乃謂長有餘短者不爲不足以長正短乃謂短不足是故鳧脛

雖短續之則憂鶴脛雖長斷之則悲各自有正不可以此正彼而損益之故性長非所斷性短非所續无所去憂也知其性分非所斷續而任之則无所去憂而憂自去也意仁義其非人情乎夫仁義自是人之情性但當任之耳彼仁人何其多憂也恐仁義非人情而憂之者眞可謂多憂也且夫駢於拇者決之則泣枝於手者齕之則啼二者或有餘於數或不足於數其於憂一也謂之不足故泣而決之以爲有餘故啼而齕之夫如此雖羣品萬殊无釋憂之地矣唯各安其天性不決駢而齕枝則曲成而无傷又何憂哉今世之仁人蒿目而憂世之患兼愛之迹可尚則天下之目亂矣以可尚之迹蒿令有患而遂憂之此爲陷人於難而後拯之也然今世正謂此爲仁也不仁之人決性命之情而饕貴富

夫貴富所以可饕由有蒿之者也若乃无可尚之迹則人安其分將量力受任豈有決己效彼以饕竊非望哉故意仁義其非人情乎自三代以下者天下何其囂囂也夫仁義自是人情也而三代以下横共囂囂棄情逐迹如將不及不亦多憂乎且夫待鉤繩規矩而正者是削其性也待繩約膠漆而固者是侵其德也屈折禮樂呴俞仁義以慰天下之心者此失其常然也天下有常然常然者曲者不以鉤直者不以繩圓者不以規方者不以矩附離不以膠漆約束不以纆索故天下誘然皆生而不知其所以生同焉皆得而不

知其所以得（夫物有常然任而不助則泯然自得而不自覺也）故古今不二不可虧也（同物故與物无二而常全）則仁義又奚連連如膠漆纆索而遊乎道德之間爲哉（任道而得則抱朴獨往連連假物无爲其間也）使天下惑也（仁義連連秖足以惑物使喪其眞）夫小惑易方大惑易性（夫東西易方於體未虧矜仁尚義失其常然以之死地乃大惑也）何以知其然邪自虞氏招仁義以撓天下也天下莫不奔命於仁義（夫與物无傷者非爲仁也而仁迹行焉令萬理皆當者非爲義也而義功見焉故當而无傷者非仁義之招也然而天下奔馳棄我殉彼以失其常然故亂心不由於醜而恒在美色撓世不由於惡而恒由仁義則仁義者撓天下之具也）是非以仁義易其性與（雖虞氏无易之情而天下之性固以易矣）故嘗試論之自三代以下者天下莫不

塞 悉代反

以物易其性矣（自三代以上實有无爲之迹无爲之迹亦有爲者之所尚也尚之則失其自然之素故雖聖人有不得已或以槃夷之事易垂拱之性而況悠悠者哉）小人則以身殉利士則以身殉名大夫則以身殉家聖人則以身殉天下（夫鶉居而鷇食鳥行而无章者何惜而不殉哉故與世常冥唯變所適其迹則殉世之迹也所遇者或時有槃夷禿脛之變其迹則傷性之迹也然而雖揮斥八極而神氣无變手足槃夷而居形者不擾則奚殉哉无殉也故乃不殉其所殉而迹與世同殉也）故此數子者事業不同名聲異號其於傷性以身爲殉一也臧與穀二人相與牧羊而俱亡其羊問臧奚事則挾筴讀書問穀奚事則博塞以遊二人者事業不同其於亡羊均也伯夷死名於首陽之

下盜跖死利於東陵之上二人者所死不同其於殘生傷性均也奚必伯夷之是而盜跖之非乎天下之所惜者生也今殉之太甚俱殘其生則所殉是非不足復論天下盡殉也彼其所殉仁義也則俗謂之君子其所殉貨財也則俗謂之小人其殉一也則有君子焉有小人焉若其殘生損性則盜跖亦伯夷已又惡取君子小人於其間哉天下皆以不殘爲善今均於殘生則雖所殉不同不足復計也夫生奚爲殘性奚爲易哉皆由乎尚无爲之迹也若知迹之由乎无爲而成則絶尚去甚而反冝我極矣堯桀將均於自得君子小人奚辯哉且夫屬其性乎仁義者雖通如曾史非吾所謂臧

也以此係彼爲屬屬性於仁殉仁者耳故不善也屬其性於五味雖通如俞兒非吾所謂臧也率性通味乃善屬其性乎五聲雖通如師曠非吾所謂聰也屬其性乎五色雖通如離朱非吾所謂明也不付之於我而屬之於彼則雖通之如彼而我已喪矣故各任其耳目之用而不係於離曠乃聰明也吾所謂臧非仁義之謂也臧於其德而已矣善於自得忘仁而仁吾所謂臧者非所謂仁義之謂也任其性命之情而已矣謂仁義爲善則損身以殉之此於性命還自不仁也身且不仁其如人何故任其性命乃能及人及人而不累於己彼我同於自得斯可謂善也吾所謂聰者非謂其聞彼也自聞而已矣吾所謂明者非謂其見彼也自見而已

智慧生僞

馬蹄

矣夫絶離棄曠自任聞見則萬方之聰明莫不皆全也夫不自見而見彼不自得而得彼者是得人之得而不自得其得者也適人之適而不自適其適者也此舍己效人者也雖效之若人而已已亡矣夫適人之適而不自適其適雖盜跖與伯夷是同爲淫僻也苟以失性爲淫僻則雖所失之塗異其於失之一也余愧乎道德是以上不敢爲仁義之操而下不敢爲淫僻之行也愧道德之不爲謝冥復之无迹故絶操行忘名利從容吹累遺我忘彼若斯而已矣

莊子外篇馬蹄第九　郭象注

馬蹄可以踐霜雪毛可以禦風寒齕草飲水翹足而陸此馬之眞性也駑驥各適於身而足雖

莊子之意以自然者爲道德矯飾者爲仁義所謂老子之所謂道德去仁與義言之也

此篇併非仁義禮樂

羲 許宜反

江南本作絡

有義臺路寢无所用之馬之眞性非辭鞌而惡乘但无羨於榮華及至伯樂曰我善治馬燒之剔之刻之雒之連之以羈馽編之以皁棧馬之死者十二三矣有意治之則不治矣治之爲善斯不善也飢之渴之馳之驟之整之齊之前有橛飾之患而後有鞭筴之威而馬之死者已過半矣夫善御者將以盡其能也盡能在於自任而乃走作馳步求其過能之用故有不堪而多死焉若乃任駑驥之力適遲疾之分雖則足迹接乎八荒之表而衆馬之性全矣而或者聞任馬之性乃謂放而不乘聞无爲之風遂云行不如臥何其往而不返哉斯失乎莊生之旨遠矣陶者曰我善治埴圓者中規方者中矩匠人曰我善治木曲者中鉤直者應繩夫埴木之性豈欲中規

矩鉤繩哉然且世世稱之曰伯樂善治
馬而陶匠善治埴木此亦治天下者之
過也世以任自然而不加巧者爲不善於治也揉曲爲直厲駑習驥能爲規矩以矯拂其性使死而後已乃謂之善治也不亦過乎吾
意善治天下者不然以不治治之乃善治也彼民有常
性織而衣耕而食是謂同德夫民之德小異而大同故性之不可去者
衣食也事之不可廢者耕織也此天下之所同而爲本者也守斯道者无爲之至也一而不黨命曰天
放放之而自一耳非黨也故謂之天放故至德之世其行填填其
視顛顛此自足於内无所求及之貌當是時也山无蹊隧澤
无舟梁不求非望之利故止於一家而足萬物羣生連屬其鄉
混芒而同得也則與一世而淡漠焉豈國異而家殊也禽獸成羣草木遂長足性而止

蹩步結反　躠悉結反
踶直氏反　跂丘氏反
澶徒旦反　摘直歷反
犧先河反

无吞夷之欲故物全是故禽獸可係羈而遊烏鵲之巢可攀援而闚與物无害故物馴也夫至德之世同與禽獸居族與萬物竝惡乎知君子小人哉同乎无知其德不離知則離道以善也同乎无欲是謂素樸欲則離性以飾也素樸而民性得矣无煩乎知欲也及至聖人聖人者民得性之迹耳非所以迹也此云及至聖人猶云及至其迹也蹩躠爲仁踶跂爲義而天下始疑矣澶漫爲樂摘僻爲禮而天下始分矣夫聖迹既彰則仁義不真而禮樂離性徒得形表而已矣有聖人即有斯弊吾若是何哉故純樸不殘孰爲犧樽白玉不毀孰爲珪璋道德不廢安取仁義性情不

踶大計反 介古八反 倪五佳反 鷙敕二反

離安用禮樂五色不亂孰爲文采五聲不亂孰應六律（凡此皆變樸爲華棄本崇末於其天素有殘廢矣世雖貴之非其貴也）夫殘樸以爲器工匠之罪也毀道德以爲仁義聖人之過也（工匠則有規矩之制聖人則有可尚之迹）夫馬陸居則食草飲水喜則交頸相靡怒則分背相踶馬知已此矣（御其眞知乘其自陸則萬里之路可致而羣馬之性不失）夫加之以衡扼齊之以月題而馬知介倪闉扼鷙曼詭銜竊轡故馬之知而能至盜者伯樂之罪也（馬性不同而齊求其用故有力竭而態作者）夫赫胥氏之時民居不知所爲行不知所之含哺而

胠篋

絶聖棄智

揭　其謁反

熙鼓腹而遊民能以此矣（此民之真能也）及至聖人屈折禮樂以匡天下之形縣跂仁義以慰天下之心而民乃始踶跂好知爭歸於利不可止也此亦聖人之過也（其過皆由乎迹之可尚也）

莊子外篇胠篋第十　郭象注

此篇備非聖人之知聖之知之類[illegible]

將爲胠篋探囊發匱之盜而爲守備則必攝緘縢固扃鐍此世俗之所謂知也然而巨盜至則負匱揭篋擔囊而趨唯恐緘縢扃鐍之不固也然則向之所謂

張本聖人並作聖智凡十一處

知者不乃爲大盜積者也知之不足恃也如此故嘗試論之世俗所謂知者有不爲大盜積者乎所謂聖者有不爲大盜守者乎何以知其然邪昔者齊國鄰邑相望雞狗之音相聞罔罟之所布耒耨之所刺方二千餘里闔四境之内所以立宗廟社稷治邑屋州閭鄉曲者曷嘗不法聖人哉然而田成子一旦殺齊君而盜其國法聖人者法其迹耳夫迹者已去之物非應變之具也奚足尚而執之哉執成迹以御乎无方无方至而迹滯矣所以守國而爲人守之也所盜者豈獨其國邪并與其聖知之法而盜

胣勑紙反

之一不盜其聖法乃无以取其國也故田成子有乎盜賊之名而
身處堯舜之安小國不敢非大國不敢
誅十二世有齊國則是不乃竊齊國幷
與其聖知之法以守其盜賊之身乎言聖法唯
人所用未足以爲全當之具嘗試論之世俗之所謂至知者
有不爲大盜積者乎所謂至聖者有不
爲大盜守者乎何以知其然邪昔者龍
逢斬比干剖萇弘胣子胥靡故四子之
賢而身不免乎戮言暴亂之君亦得據君人之威以戮賢人而莫之敢亢者皆聖法之由也向无聖法
則桀紂焉得守斯位而放其毒使天下側目哉故跖之徒問於跖曰盜亦

有道乎跖曰何適而无有道邪夫妄意室中之藏聖也入先勇也出後義也知可否知也分均仁也五者不備而能成大盜者天下未之有也五者所以禁盜而反為盜資也由是觀之善人不得聖人之道不立跖不得聖人之道不行天下之善人少而不善人多則聖人之利天下也少而害天下也多信哉斯言斯言雖信而猶不可亡聖者猶天下之知未能都亡故須聖道以鎮之也羣知不亡而獨亡聖知則天下之害又多於有聖矣然則有聖之害雖多猶愈於亡聖之无治也雖愈於亡聖故未若都亡之无害也甚矣天下莫不求利而不能一亡其知何其迷而失致哉故曰脣竭則齒寒魯酒薄而邯鄲圍聖人生而

掊 普口反

大盜起 夫竭脣非以寒齒而齒寒魯酒薄非以圍邯鄲而邯鄲圍聖人生非以起大盜而大盜起此自然相生必至之勢也夫聖人雖不立尚於物而亦不能使物不尚也故人无貴賤事无眞僞苟效聖法則天下吞聲而闇服之斯乃桀跖之所至賴而以成其大盜者也 掊擊聖人縱舍盜賊而天下始治矣 夫聖人者天下之所尚也若乃絕其所尚而守其素朴棄其禁令而代以寡欲此所以掊擊聖人而我素朴自全縱舍盜賊而彼姦自息也故古人有言曰閑邪存誠不在善察息淫去華不在嚴刑此之謂也 夫川竭而谷虛丘夷而淵實聖人已死則大盜不起 竭川非以虛谷而谷虛夷丘非以實淵而淵實絕聖非以止盜而盜止故止盜在去欲不在彰聖知 天下平而无故矣 非唯息盜爭尚之迹故都去矣 聖人不死大盜不止雖重聖人而治天下則是重利盜跖也 將重聖人以治天下而桀跖之徒亦資其法所資者重故所利不得輕也 爲之斗斛以量之則并與斗斛而竊之爲之權

衡以稱之則并與權衡而竊之爲之符璽以信之則并與符璽而竊之爲之仁義以矯之則并與仁義而竊之小盜之所因乃大盜之所資而利也何以知其然邪彼竊鉤者誅竊國者爲諸侯諸侯之門而仁義存焉則是非竊仁義聖知邪故逐於大盜揭諸侯竊仁義并斗斛權衡符璽之利者雖有軒冕之賞弗能勸斧鉞之威弗能禁夫軒冕斧鉞賞罰之重者也重賞罰以禁盜然大盜者又逐之而竊之則反爲盜用矣所用者重乃所以成其大盜也大盜也者必行以仁義平以權衡信以符璽勸以軒冕威以斧鉞盜此公器然後諸侯可得而揭也是故仁義賞罰者適足以誅竊鉤者也此重利盜跖而使

擿持赤反義與擲同

不可禁者是乃聖人之過也（夫跖之不可禁由所盜之利重也利之所以重由聖人之不輕也故絶盜在賤貨不在重聖也）故曰魚不可脫於淵國之利器不可以示人（魚失淵則爲人禽利器明則爲盜資故不可示人）彼聖人者天下之利器也（夫聖人者誠能絶聖棄知而反冥物極物極各冥則其迹利物之迹也器猶迹耳可執而用曰器）非所以明天下也（示利器於天下所以資其盜賊）故絶聖棄知大盜乃止（去其所資則未施禁而自止也）擿玉毁珠小盜不起（賤其所寶則不加刑而自息也）焚符破璽而民朴鄙（除矯詐之所賴者則无以行其姦巧）掊斗折衡而民不爭（夫小平乃大不平之所用也）殫殘天下之聖法而民始可與論議（外无所矯則内全我朴而无自失之言也）擢亂六律鑠絶竽瑟塞瞽曠之耳而

攦呂係反又力結反

天下始人含其聰矣滅文章散五采膠離朱之目而天下始人含其明矣夫聲色離曠有耳目者之所貴也受生有分而以所貴引之則性命喪矣若乃毀其所貴棄彼任我則聰明各全人含其真也毀絕鉤繩而棄規矩攦工倕之指而天下始人有其巧矣故曰大巧若拙夫以蜘蛛蛣蜣之陋而布網轉丸不求之於工匠則萬物各有能也所能雖不同而所習不敢異則若巧而拙矣故善用人者使能方者為方能圓者為圓各任其所能人安其性不責萬民以工倕之巧故衆技以不相能似拙而天下皆自能則大巧矣夫用其自能則規矩可棄而妙匠之指可攦也削曾史之行鉗楊墨之口攘棄仁義而天下之德始玄同矣去其亂羣之率則天下各復其所而同於玄德也彼人含其明則天下不鑠矣人含其聰則天下不累矣人含其知

則天下不惑矣人含其德則天下不僻矣彼曾史楊墨師曠工倕離朱者皆外立其德而以爚亂天下者也此數人者所稟多方故使天下躍而效之效之則失我我失由彼則彼爲亂主矣夫天下之大患者失我也法之所无用也若夫法之所用者視不過於所見故衆目无不明聽不過於所聞故衆耳无不聰事不過於所能故衆技无不巧知不過於所知故羣性无不適德不過於所得故羣德无不當安用立所不逮於性分之表使天下奔馳而不能自反哉子獨不知至德之世乎

昔者容成氏大庭氏伯皇氏中央氏栗陸氏驪畜氏軒轅氏赫胥氏尊盧氏祝融氏伏戲氏神農氏當是時也民結繩而用之足以紀要而已甘其食美其服適故常甘當故常美若思夫役靡則无時

（慊矣）樂其俗安其居鄰國相望雞狗之音
相聞民至老死而不相往來（无求之至）若此之
時則至治已今遂至使民延頸舉踵曰
某所有賢者嬴糧而趣之則內棄其親
而外去其主之事足跡接乎諸侯之境
車軌結乎千里之外（至治之迹猶致斯弊）則是上好知
之過也（上謂好知之君知而好之則有斯過矣）上誠好知而无道則
天下大亂矣何以知其然邪夫弓弩畢
弋機變之知多則鳥亂於上矣鉤餌罔
罟罾笱之知多則魚亂於水矣削格羅

耎耳轉反　肖消

落罝罘之知多則獸亂於澤矣[攻之愈密避之愈巧則雖禽獸猶不可圖之以知而況人哉故治天下者唯不任知任知无妙也]知詐漸毒頡滑堅白解垢同異之變多則俗惑於辯矣[上之所多者下不能安其少也性少而以逐多則迷也]故天下每每大亂罪在於好知故天下皆知求其所不知而莫知求其所已知者[不求所知而求所不知此乃舍已效人而不止其分也]皆知非其所不善而莫知非其所已善者[善其所善爭尚之所由生也]是以大亂故上悖日月之明下爍山川之精中墮四時之施惴耎之蟲肖翹之物莫不失其性甚矣夫好知之亂天下

也夫吉凶悔吝生於動也而知之所動誠能搖蕩天地運御羣生故君人者胡可以不忘其知哉自三代以下者是已舍夫種種之民而悅夫役役之佞釋夫恬惔无爲而悅夫啍啍之意啍啍已亂天下矣啍啍以己誨人也

惔徒暫反　啍之閏反

莊子外篇在宥第十一　郭象注

在宥

巡無爲之事

聞在宥天下不聞治天下也宥使自在則治治之則亂也人之生也直莫之蕩則性命不過欲惡不爽在上者不能无爲上之所爲而民皆赴之故有誘慕好欲而民性淫矣故所貴聖王者非貴其能治也貴其无爲而任物之自爲也在之也者恐天下之淫其性也宥之也者恐天下之遷其德也天下不淫其性不遷其德有治天下者哉无治乃不遷淫昔堯

此篇併非毀仁義禮樂和

之治天下也使天下欣欣焉人樂其性是不恬也桀之治天下也使天下瘁瘁焉人苦其性是不愉也夫堯雖在宥天下其迹則治也治亂雖殊其於失後世之恬愉使物爭尚畏鄙而不自得則同耳故譽堯而非桀不如兩忘也夫不恬不愉非德也非德也而可長久者天下无之恬愉自得乃可長久人大喜邪毗於陽大怒邪毗於陰陰陽并毗四時不至寒暑之和不成其反傷人之形乎使人喜怒失位居處无常思慮不自得中道不成章此皆堯桀之流使物喜怒太過以致斯患也人在天地之中最能以靈知喜怒擾亂羣生而振蕩陰陽也故得失之間喜怒集乎百姓之懷則寒暑之和敗四時之節差百度昏亡萬事失落也於是乎天

下始喬詰卓鷙而後有盜跖曾史之行故舉天下以賞其善者不足慕賞乃善故賞不能供舉天下以罰其惡者不給畏罰乃止故罰不能勝故天下之大不足以賞罰自三代以下者匈匈焉終以賞罰爲事彼何暇安其性命之情哉忘賞罰而自善性命乃大足耳夫賞罰者聖王之所以當功過非以著勸畏也故理至則遺之然後至一可反也而三代以下遂尋其事迹故匈匈焉與迹競逐終以所寄爲事性命之情何暇而安哉而且悅明邪是淫於色也悅聰邪是淫於聲也悅仁邪是亂於德也悅義邪是悖於理也悅禮邪是相於技也悅樂邪是相於淫也悅聖邪是

傖　倉

相於藝也悅知邪是相於疵也當理无悅悅之則致淫悖之患矣相助也天下將安其性命之情之八者存可也亡可也存亡无所在任其所受之分則性命安矣天下將不安其性命之情之八者乃始臠卷傖囊而亂天下也必存此八者則不能縱任自然故為臠卷傖囊也而天下乃始尊之惜之甚矣天下之惑也不能遺之已為誤矣而乃復尊之以為貴豈不甚惑哉豈直過也而去之邪乃齊戒以言之跪坐以進之鼓歌以儛之吾若是何哉非直由寄而過去也乃珍貴之如此故君子不得已而臨莅天下莫若无為无為也而後安其性命之情无為者非拱默之謂

（也直各任其自爲則性命安矣不得已者非迫於威刑也直抱道懷朴任乎必然之極而天下自賓也）故貴以身於爲天下則可以託天下愛以身於爲天下則可以寄天下（若夫輕身以赴利棄我而殉物則身且不能安其如天下何）故君子苟能无解其五藏无擢其聰明（解擢則傷也）尸居而龍見淵默而雷聲（出處默語常无其心而付之自然）神動而天隨（神順物而動天隨理而行）從容无爲而萬物炊累焉（若游塵之自動）吾又何暇治天下哉（任其自然而已）崔瞿問於老聃曰不治天下安臧人心老聃曰汝愼无攖人心（攖之則傷其自善也）人心排下而進上（排之則下進之則上言其易搖蕩也）上下囚殺（无所排進乃安全耳）淖約柔

炊 昌睡反　累 劣偽反

聖人虛心

淖 昌略反

劌居衛反　僨粉問反　胈畔末反

乎剛彊（言能淖約則剛彊者柔矣）廉劌彫琢其熱焦火其寒凝冰（夫焦火之熱凝冰之寒皆喜怒并積之所生若乃不彫不琢各全其朴則何冰炭之有哉）其疾俛仰之間而再撫四海之外（風俗之所動也）其居也淵而靜其動也縣而天（靜之可使如淵動之則係天而踊躍也）僨驕而不可係者其唯人心乎（人心之變靡所不爲順而放之則靜而自通治而係之則跂而僨驕僨驕者不可禁之勢也）昔者黃帝始以仁義攖人之心（夫黃帝非爲仁義也直與物冥則仁義之迹自見迹自見則後世之心必自殉之是亦黃帝之迹使物攖也）堯舜於是乎股无胈脛无毛以養天下之形愁其五藏以爲仁義矜其血氣以規法度然猶有不勝也堯於是放讙兜於崇山

施以智反

釿斤

脊音籍在亦反

投三苗於三峗流共工於幽都此不勝天下也夫施及三王而天下大駭矣夫堯舜帝王之名皆其迹耳我寄斯迹而迹非我也故駭者自世世彌駭其迹愈粗粗之與妙自途之夷險耳遊者豈常改其足哉故聖人一也而有堯舜湯武之異明斯異者時世之名耳未足以名至人之實也故夫堯舜者豈直堯舜而已哉是以雖有矜愁之貌仁義之迹而所以迹者故全也下有桀跖上有曾史而儒墨畢起於是乎喜怒相疑愚知相欺善否相非誕信相譏而天下衰矣莫能齊於自得大德不同而性命爛漫矣立小異而不止於分天下好知而百姓求竭矣知无涯而好之故无以供其求於是乎釿鋸制焉繩墨殺焉椎鑿決焉彫琢性命遂至於此天下脊脊大亂罪在攖人心

嵁 苦巖反

桁 户剛反

椄 如字又音燮又慈接反

槢 習

故賢者伏處大山嵁巖之下而萬乘之君憂慄乎廟堂之上若夫任自然而居當則賢愚襲情而貴賤履位君臣上下莫匪爾極而天下无患矣斯迹也遂攖天下之心使奔馳而不可止故中知以下莫不外飾其性以眩惑衆人惡直醜正蕃徒相引是以任真者失其據而崇偽者竊其柄於是主憂於上民困於下矣今世殊死者相枕也桁楊者相推也刑戮者相望也而儒墨乃始離跂攘臂乎桎梏之間意甚矣哉其无愧而不知恥也甚矣由腐儒守迹故致斯禍不思捐迹反一而方復攘臂用迹以治迹可謂无愧而不知恥之甚也吾未知聖知之不爲桁楊椄槢也仁義之不爲桎梏鑿枘也桁楊以椄槢爲管而桎梏以鑿枘爲用聖知仁義者遠於罪之迹也迹遠罪則民斯尚之尚之則驕詐生焉驕詐生而禦姦之器不具者未之有也故棄所尚則矯詐不作矯詐不作則桁楊桎梏廢矣何鑿枘椄槢之爲哉焉

嚆 許交反

清淨民正

知曾史之不爲桀跖嚆矢也 嚆矢矢之猛者言曾史爲桀跖之利用也 故曰絶聖棄知而天下大治 去其所以攖也 黄帝立爲天子十九年令行天下聞廣成子在於空同之上故往見之曰我聞吾子達於至道敢問至道之精吾欲取天地之精以佐五穀以養民人吾又欲官陰陽以遂羣生爲之奈何廣成子曰而所欲問者物之質也 問至道之精可謂質也 而所欲官者物之殘也 不任其自爾而欲官之故殘也 自而治天下雲氣不待族而雨草木不待黄而落日月之光

益以荒矣而佞人之心翦翦者又奚足以語至道黄帝退捐天下築特室席白茅閒居三月復往邀之廣成子南首而臥黄帝順下風膝行而進再拜稽首而問曰聞吾子達於至道敢問治身奈何而可以長久廣成子蹷然而起曰善哉問乎（人皆自修而不治天下則天下治矣故善之也）來吾語汝至道至道之精窈窈冥冥至道之極昏昏默默（窈冥昏默皆了无也夫莊老之所以屢稱无者何哉明生物者无物而物自生耳自生耳非爲生也又何有爲於已生乎）无視无聽抱神以靜形將自正（忘視而自見忘聽而自聞則神不擾而形不邪也）必靜

必清无勞汝形无搖汝精乃可以長生任其自動故閒靜而不夭也目无所見耳无所聞心无所知汝神將守形形乃長生此皆率性而動故長生也慎汝内全其眞也閉汝外守其分也多知爲敗知无崖故敗我爲汝遂於大明之上矣至彼至陽之原也爲汝入於窈冥之門矣至彼至陰之原也夫極陰陽之原乃遂於大明之上入於窈冥之門也天地有官陰陽有藏但當任之慎守汝身物將自壯我守其一以處其和故我脩身千二百歲矣吾形未常衰取於盡性命之極極長生之致耳身不夭乃能及物也黄帝再拜稽首曰廣成子之謂

无爲民化

天矣（天无爲也）廣成子曰來余語汝彼其物无窮而人皆以爲終彼其物无測而人皆以爲極（徒見其一變也）得吾道者上爲皇而下爲王（皇王之稱隨世之上下耳其於得通變之道以應无窮一也）失吾道者上見光而下爲土（失无窮之道則自信於一變而不能均同上下故俯仰異心）今夫百昌皆生於土而反於土故余將去汝（土无心者也生於无心故當反守无心而獨往也）入无窮之門以遊无極之野（與化俱也）吾與日月參光吾與天地爲常（都任之也）當我緡乎遠我昏乎（物之去來皆不覺也）人其盡死而我獨存乎（以死生爲一體則无往而非存）雲將東遊過扶搖之枝而適遭

倘尺掌反又吐吐郎吐黨二反

鴻蒙鴻蒙方將拊髀爵躍而遊雲將見
之倘然止贄然立曰叟何人邪叟何爲
此鴻蒙拊髀爵躍不輟對雲將曰遊雲
將曰朕願有問也鴻蒙仰而視雲將曰
吁雲將曰天氣不和地氣鬱結六氣不
調四時不節今我願合六氣之精以育
羣生爲之奈何鴻蒙拊髀爵躍掉頭曰
吾弗知吾弗知雲將不得問又三年東
遊過有宋之野而適遭鴻蒙雲將大喜
行趨而進曰天忘朕邪天忘朕邪再拜

稽首願聞於鴻蒙鴻蒙曰浮遊不知所求（而自得所求也）猖狂不知所往（而自得所往也）遊者鞅掌以觀无妄（夫內足者舉目皆自正也）朕又何知（以斯而已也）雲將曰朕也自以爲猖狂而民隨予所往朕也不得已於民今則民之放也（夫乘物非爲迹而迹自彰猖狂非招民而民自往故爲民所放效而不得已也）願聞一言鴻蒙曰亂天之經逆物之情玄天弗成（若夫順物性而不治則情不逆而經不亂玄默成而自然得也）解獸之羣而鳥皆夜鳴（離其所以靜也）災及草木禍及昆蟲（皆坐而受害也）噫治人之過也（夫有治之迹亂之所由生也）雲將曰然則吾奈何鴻蒙曰噫毒哉（言治人之過深）

涬户頂反
溟亡頂反

僊僊乎歸矣僊僊坐起之貌嫌不能隤然逈放故遣使歸雲將曰吾遇天難願聞一言鴻蒙曰噫心養夫心以用傷則養心者其唯不用心乎汝徒處无爲而物自化墮爾形體吐爾聰明倫與物忘理與物皆不以存懷而闇付自然則无爲而自化矣大同乎涬溟與物无際解心釋神莫然无魂坐忘任獨萬物云云各復其根各復其根而不知不知而復乃眞復也渾渾沌沌終身不離渾沌无知而任其自復乃能終身不離其本也若彼知之乃是離之知而復之與復乖矣无問其名无闚其情物故自生闚問則失其自生也雲將曰天降朕以德示朕以黙躬身求之乃今也得知而不黙常有矣也再拜

持勝任道

稽首起辭而行世俗之人皆喜人之同乎己而惡人之異於己也同於己而欲之異於己而不欲者以出乎衆爲心也心欲出羣爲衆儁也夫以出乎衆爲心者曷常出乎衆哉衆皆以出衆爲心故所以爲衆人也若我亦欲出乎衆則與衆无異而不能相出矣夫衆皆以相出爲心而我獨无往而不同乃大殊於衆而爲衆主也因衆以寧所聞不如衆技衆矣吾一人之所聞不如衆技多故因衆則寧也若不因衆則衆之千萬皆我敵也而欲爲人之國者此攬乎三王之利而不見其患者也夫欲爲人之國者不因衆之自爲而以己爲之者此爲徒求三王主物之利而不見己爲之患也然則三王之所以利豈爲之哉因天下之自爲而任耳此以人之國僥倖也幾何僥倖而不喪人之國

乎其存人之國也无萬分之一而喪人之國也一不成而萬有餘喪矣己與天下相因而成者也今以一己而專制天下則天下塞矣己豈通哉故一身既不成而萬方有餘喪矣悲夫有土者之不知也夫有土者有大物也有大物者不可以物物不能用物而爲物用即是物耳豈能物物哉不能物物則不足以有大物矣而不物故能物物夫用物者不爲物用也不爲物用斯不物矣不物故物天下之物使各自得也明乎物物者之非物也豈獨治天下百姓而已哉出入六合遊乎九州用天下之自爲故馳萬物而不窮獨往獨來是謂獨有人皆自異而已獨羣遊斯乃獨往獨來者也獨有斯獨可謂獨有矣獨有之人是之謂至貴夫與衆玄同非求貴於衆而衆人不能不貴斯至貴也若乃信其偏見而以獨異爲

持後處先

撓而小反

道无不爲

心則雖同於一致故是俗中之一物耳非獨有者也未能獨有而欲饕竊軒冕冒取非分衆豈歸之哉故非至貴也大人之教若形之於影聲之於響百姓之心形聲也大人之教影響也大人之於天下何心哉猶影響之隨形聲耳有問而應之盡其所懷使物之所懷各得自盡也爲天下配問者爲主應故爲配處乎无響寂以待物行乎无方隨物轉化挈汝適復之撓撓撓撓自動也提挈萬物使復歸自動之性即无爲之至也以遊无端與化俱故无端出入无旁玄同无表與日无始與日新俱故无始也頌論形軀合乎大同其形容與天地无異大同而无己有已則不能大同也无己惡乎得有有天下之難无者己也己既无矣則羣有不足復有之覩有者昔之君子能美其名者耳覩无者天地之友覩无則任其獨生也賤而不可不任者物也卑而不可

不因者民也因其性而任之則治反其性而凌之則亂夫民物之所以卑而賤者不能因任故也是以任賤者貴因卑者尊此必然之符也匿而不可不爲者事也夫事藏於彼故匿也彼各自爲故不可不爲但當因任耳麤而不可不陳者法也法者妙事之迹也安可以迹麤而不陳妙事哉遠而不可不居者義也當乃居之所以爲遠親而不可不廣者仁也親則苦偏故廣乃仁耳節而不可不積者禮也夫禮節者患於係一故物物體之則積而周矣中而不可不高者德也事之下者雖中非德一而不可不易者道也事之難者雖一非道況不一哉神而不可不爲者天也執意不爲雖神非天況不神哉故聖人觀於天而不助順其自爲而已成於德而不累自然與高會也出於道而不謀不謀而一所以爲易會於仁而不

又扶起仁義禮樂知

終歸於道注

恃（恃則不瀆）薄於義而不積（率性居遠非積也）應於禮而不諱（自然應禮非由忌諱）接於事而不辭（事以理接能否自任應動而動无所辭讓）齊於法而不亂（御粗以妙故不亂也）恃於民而不輕（恃其自爲耳不輕用也）因於物而不去（因而就任之不去其本也）物者莫足爲也而不可爲（夫爲者豈以足爲故爲哉自體此爲故不可得而止也）不明於天者不純於德（不明自然則有爲有爲而德不純也）不通於道者无自而可（不能虛已以待物則事事失會）不明於道者悲夫何謂道有天道有人道无爲而尊者天道也（在上而任萬物之自爲也）有爲而累者人道也（以有爲爲累者不能率其自得也）主者天道也（同乎天之任物則自然居物上）臣者人道也（各當所任）天道

之與人道也相去遠矣君任无爲而委百官百官有所司而君不與焉二者俱以不爲而自得則君道逸臣道勞勞逸之際不可同日而論之也不可不察也不察則君臣之位亂矣

南華眞經卷第四

天地

以道均化

南華眞經卷第五

莊子外篇天地第十二　郭象注

天地雖大其化均也（均於不爲而自化也）萬物雖多其治一也（一以自得爲治）人卒雖衆其主君也（天下異心无心者主也）君原於德而成於天（以德爲原无物不得得者自得故得而不謝所以成天也）故曰玄古之君天下无爲也天德而已矣（任自然之運動）以道觀言而天下之君正（无爲者自然爲君非邪也）以道觀分而君臣之義明（各當其分則无爲位上有爲位下也）以道觀能而天下之官治（官各當其所能則治矣）以道汎觀而萬物之應備（无爲也則天下各以其无爲應之）故通於

循道無爲

天地者德也（萬物莫不皆得則天地通）行於萬物者道也（道一不塞其所由則萬物自得其行矣）上治人者事也（使人人自得其事）能有所藝者技也（技者萬物之末用也）技兼於事事兼於義義兼於德德兼於道道兼於天（夫本末之相兼猶手辟之相包故一身和則百節皆適天道順則本末俱暢）故曰古之畜天下者无欲而天下足无爲而萬物化淵靜而百姓定記曰通於一而萬事畢无心得而鬼神服（一无爲而羣理都舉）夫子曰夫道覆載萬物者也洋洋乎大哉君子不可以不刳心焉（有心則累其自然故當刳而去之）无爲爲之之謂天（不爲此爲而此爲自爲乃天道）无爲言

藏張本作沉

之之謂德不為此言而此言自言乃真德愛人利物之謂仁刂任其性命之情也不同同之之謂大萬物萬形各止其分不引彼以同我乃成大耳行不崖異之謂寬玄同彼我則萬物自容故有餘有萬不同之謂富我无不同故能獨有斯萬故執德之謂紀德者人之綱要德成之謂立非德而成者不可謂立循於道之謂備夫道非偏物也不以物挫志之謂完內自得也君子明於此十者則韜乎其事心之大也心大故事无不容也沛乎其為萬物逝也德澤滂沛任萬物之自往也若然者藏金於山藏珠於淵不貴難得之物不利貨財乃能忘我況貨財乎不近貴富自來寄耳心常去之遠也不樂壽不哀夭所謂縣解不榮通不醜窮忘壽夭於

體道任化

漻（良由反，又力蕭反）

（匈中況窮通之間哉）不拘一世之利以為己私分（皆委之萬物也）

不以王天下為己處顯（忽然不覺榮之在身）顯則明（不顯則默）

（而止）萬物一府，死生同狀（蜕然无所在也）夫子曰：夫

道，淵乎其居也，漻乎其清也。金石不得

无以鳴（聲由寂彰）故金石有聲，不考不鳴（因以喻體道者物感

而後應也）萬物孰能定之（應感无方）夫王德之人，素逝

而恥通於事（任素而往耳，非好通於事也）立之本原而知通

於神（本立而知不逆）故其德廣（任素通神而後彌廣）其心之出，有

物採之（物採之而後出耳，非先物而唱也）故形非道不生，生非

德不明。存形窮生，立德明道，非王德者

役心失真

邪蕩蕩乎忽然出勃然動而萬物從之
乎此謂王德之人忽勃皆无心而應之貌動出无心故萬物從之斯蕩蕩矣故能存形窮生立德明道
而成王德也視乎冥冥聽乎无聲冥冥之中獨
見曉焉无聲之中獨聞和焉若夫視聽而不寄之於寂則有闇昧而不
和也故深之又深而能物焉窮其原而後能物物神之又
神而能精焉極至順而後能盡妙故其與萬物接也至
无而供其求我確斯而都任彼則彼求自供時騁而要其宿大
小長短脩遠皆恣而任之會其所極而已黃帝遊乎赤水之
北登乎崑崙之丘而南望還歸遺其玄
珠此寄明得真之所由使知索之而不得言用知不足以得真使離朱

喫口懈反
詬口豆反
視聽喪道
被 披
圾五急反
數 朔

索之而不得使喫詬索之而不得也（聰明喫詬
失眞愈遠）乃使象罔象罔得之黃帝曰異哉象
罔乃可以得之乎（明得眞者非用心也象罔然即眞也）
堯之師曰許由許由之師曰齧缺齧缺之師曰王
倪王倪之師曰被衣堯問於許由曰齧
缺可以配天乎（謂爲天子）吾藉王倪以要之（欲因其師
以要而使之）許由曰殆哉圾乎天下（圾危也）齧缺之
爲人也聰明叡知給數以敏其性過人
（聰敏過人則使人致之屢傷於民也）而又乃以人受天（用知以求復其自然）彼審
乎禁過而不知過之所由生（夫過生於聰知而又役知以禁之其過彌

絯戶隔反又公才反

甚矣故曰无過在去知不在於強禁與之配天乎彼且乘人而无天若與之天下彼且遂使後世任知而失眞方且本身而異形夫以萬物爲本則羣變可一而異形可同斯迹也將遂使後世由己以制物則萬物乖矣方且尊知而火馳賢者當位於前則知見尊於後奔競而火馳也方且爲緒使將興後世事役之端方且爲物絯將遂使後世拘牽而制物方且四顧而物應將遂使後世指麾以動物令應上務方且應衆宜將遂使後世不能忘善而利仁以應宜也方且與物化將遂使後世與物相逐而不能自得於內而未始有恒此皆盡當時之宜也然今日受其德而明日承其弊矣故曰未始有恒夫何足以配天乎雖然有族有祖其事類可得而祖故可以爲衆父而不可以爲衆父父衆父父者所以迹也治亂之率也言非但治主乃爲亂率北面之禍也夫桀紂非能殺賢臣乃賴聖知

祝之又反又州六反

之迹以禍之南面之賊也田恒非能殺君乃資仁義以賊之堯觀乎華華封人曰嘻聖人請祝聖人使聖人壽堯曰辭使聖人富堯曰辭使聖人多男子堯曰辭封人曰壽富多男子人之所欲也汝獨不欲何邪堯曰多男子則多懼富則多事壽則多辱是三者非所以養德也故辭封人曰始也我以汝爲聖人邪今然君子也天生萬民必授之職多男子而授之職則何懼之有物皆得所而志定也富而使人分之則何事之有寄之天下故无事也夫聖人

八

明君不愧

鶉居（无意而期安也）而鷇食（仰物而足）鳥行而无彰（率性而動非常迹也）天下有道則與物皆昌（猖狂忘行而自蹈大方也）天下无道則脩德就閒（雖湯武之事苟順天應人未爲不閒也故无爲而无不爲者非不閒也）千歲厭世去而上僊（夫至人極壽命之長任窮理之變其生也天行其死也物化故云厭世而上僊也）乘彼白雲至于帝鄉（氣之散无不之）三患莫至身常无殃則何辱之有封人去之堯隨之曰請問封人曰退已堯治天下伯成子高立爲諸侯堯授舜舜授禹伯成子高辭爲諸侯而耕禹往見之則耕在野禹趨就下風立而問焉曰昔堯治天下吾子

俋 於執反

立爲諸侯堯授舜舜授予而吾子辭爲
諸侯而耕敢問其故何也子高曰昔堯
治天下不賞而民勸不罰而民畏今子
賞罰而民且不仁德自此衰刑自此立
後世之亂自此始矣夫子闔行邪无落
吾事俋俋乎耕而不顧 夫禹時三聖相承治成德備功美漸去故史籍无所載仲尼不能間是以雖有天下而不與焉斯乃有而无之也故考其時而禹爲最優計其人則雖三聖故一堯耳時无聖人故天下之心俄然歸啓夫至公而居當者付天下於百姓取與之非己故失之不求得之不辭忽然而往侗然而來是以受非毀於廉節之士而名列於三王未足怪也莊子因斯以明堯之弊弊起於堯而釁成於禹況後世之无聖乎寄遠迹於子高使棄而不治將以絶聖而反一遺知而寧極耳其實則未聞也夫莊子之言不可以一塗詰或以黄帝之迹秃堯舜之脛豈獨貴堯而賤禹哉故當遺其所寄而録其絶聖棄知之意焉
泰初有无无有无名

无有故无所名一之所起有一而未形一者有之初至妙者也至妙故未有物理之形耳夫一之所起起於至一非起於无也然莊子之所以屢稱无於初者何哉初者未生而得生得生之難而猶上不資於无下不待於知突然而自得此生矣又何營生於已生以失其自生哉物得以生謂之德夫无不能生物而云物得以生乃所以明物生之自得任其自得斯可謂德也未形者有分且然无間謂之命留動而生物物成生理謂之形形體保神各有儀則謂之性夫德形性命因變立名其於自爾一也性脩反德德至同於初恒以不爲而自得之同乃虛虛乃大不同於初而中道有爲則其懷中故爲有物也有物而容養之德小矣合喙鳴无心於言而自言者合於喙鳴喙鳴合與天地爲合天地亦无心而自動其合緡緡若愚若昏坐忘而自合耳非照察以合之是謂玄德同乎大順德玄而所順者大矣夫

忘形幾道

放甫往反

子問于老聃曰有人治道若相放可不可然不然若相放效強以不可爲可不然爲然斯矯其性情也辯者有言曰離堅白若縣寓言其高顯易見若是則可謂聖人乎老聃曰是胥易技係勞形怵心者也執狸之狗成思猨狙之便自山林來言此皆失其常然也丘予告若而所不能聞與而所不能言凡有首有趾无心无耳者衆首趾猶始終也无心无耳言其自化有形者與无形无狀而皆存者盡无言有形者善變不能與无形无狀者並存也故善治道者不以故自持也將順日新之化而已其動止也其死生也其廢起也此又非其所以也此言動止死生盛衰廢興未始

軼　轍

不尚賢

葂　免

有恒皆自然而然非其所用而然故放之而自得也有治在人不在乎主自用忘乎物忘乎天其名爲忘己天物皆忘非獨忘己復何所有哉忘己之人是之謂入於天人之所不能忘者己也己猶忘之又奚識哉斯乃不識不知而冥於自然蔣閭葂見季徹曰魯君謂葂也曰請受教辭不獲命既已告矣未知中否請嘗薦之吾謂魯君曰必服恭儉拔出公忠之屬而无阿私民孰敢不輯季徹局局然笑曰若夫子之言於帝王之德猶螳蜋之怒臂以當車軼則必不勝任矣必服恭儉非忘儉而儉也拔出公忠非忘忠而忠也故雖无阿私而不足以勝矯詐之任也且若是則其自爲處危

覤許逆反
汒武剛反

其觀臺此皆自處高顯若臺觀之可覩也多物將往將使物不止於本性之分而矯跂自多以附之投迹者衆亢足投迹不安其本步也蔣閭葂覤覤然驚曰葂也汒若於夫子之所言矣雖然願先生之言其風也季徹曰大聖之治天下也搖蕩民心使之成教易俗舉滅其賊心而皆進其獨志若性之自爲而民不知其所由然夫志各有趣不可相效也故因其自搖而搖之則雖搖而非爲也因其自蕩而蕩之則雖蕩而非動也故其賊心自滅獨志自進教成俗易悶然无迹履性自爲而不知所由皆云我自然矣舉皆也若然者豈兄堯舜之教民溟涬然弟之哉溟涬甚貴之謂也不肯多謝堯舜而推之爲兄也欲同乎德而心居矣居者不逐於外也心不居則德

抱樸矯俗

搰 苦骨反

張本有機字

數 所角反又所錄反 泆 音逸 佚

湯 或作蕩 張本作湯

爲 槔 張本作

不同也

子貢南遊於楚反於晉過漢陰見一丈人方將爲圃畦鑿隧而入井抱甕而出灌搰搰然用力甚多而見功寡子貢曰有械於此一日浸百畦用力甚寡而見功多夫子不欲乎爲圃者仰而視之曰奈何曰鑿木爲機後重前輕挈水若抽數如泆湯其名爲槔爲圃者忿然作色而笑曰吾聞之吾師有機械者必有機事有機事者必有機心機心存於胸中則純白不備純白不備則神生不定

瞞武版反

墮許規反

神生不定者道之所不載也吾非不知羞而不爲也（夫用時之所用者乃純備也斯人欲脩純備而抱一守古失其旨也）子貢瞞然慙俯而不對有閒爲圃者曰子奚爲者邪曰孔丘之徒也爲圃者曰子非夫博學以擬聖於于以蓋衆獨弦哀歌以賣名聲於天下者乎汝方將忘汝神氣墮汝形骸而庶幾乎（不忘不墮則无庶幾之道）而身之不能治而何暇治天下乎子往矣无乏吾事子貢卑陬失色頊頊然不自得行三十里而後愈其弟子曰向之人何爲者

汒莫剛反

謷五羔反

邪夫子何故見之變容失色終日不自反邪曰始吾以爲天下一人耳謂孔子也不知復有夫人也吾聞之夫子事求可功求成用力少見功多者聖人之道聖人之道即用百姓之心耳今徒不然執道者德全德全者形全形全者神全神全者聖人之道也託生與民並行而不知其所之汒乎淳備哉功利機巧必忘夫人之心此乃聖王之道非夫人也子貢聞其假脩之說而服之未知純白者之同乎世也若夫人者非其志不之非其心不爲雖以天下譽之得其所謂謷然不顧

以天下非之失其所謂儻然不受天下之非譽无益損焉是謂全德之人哉我之謂風波之民此宋榮子之徒未足以爲全德子貢之迷沒於此人即若列子之心醉於季咸也反於魯以告孔子孔子曰彼假脩渾沌氏之術者也以其背今向古羞爲世事故知其非眞渾沌也識其一不知其二徒識脩古抱灌之朴而不知因時任物之易也治其內而不治其外夫眞渾沌都不治也豈以外內爲異而偏有所治哉夫明白入素无爲復朴體性抱神以遊世俗之間者汝將固驚邪此眞渾沌也故與世同波而不自失則雖遊於世俗而泯然无迹豈必使汝驚哉且渾沌氏之術予與汝何足以識之哉在彼爲彼在此爲此渾沌玄同孰識之哉所識者常識其迹耳諄芒

神人无迹

將東之大壑適遇苑風於東海之濵苑風曰子將奚之曰將之大壑曰奚爲焉曰夫大壑之爲物也注焉而不滿酌焉而不竭吾將遊焉苑風曰夫子无意于横目之民乎願聞聖治諄芒曰聖治乎官施而不失其宜拔舉而不失其能畢見其情事而行其所爲（皆因而任之）行言自爲而天下化（使物爲之則不化也）手撓顧指四方之民莫不俱至此之謂聖治（言其指麾顧眄而民各至其性也任其自爲故）願聞德人曰德人者居无思行无慮（率自然耳）不藏

愲超

鬼司馬作畏

均治民足

是非美惡无是非於胸中而任之天下四海之內共利之之
爲悅共給之之爲安无自私之懷也怊乎若嬰兒
之失其母也儻乎若行而失其道也財
用有餘而不知其所自來飲食取足而
不知其所從此謂德人之容德者神人迹也故曰容願
聞神人願聞所以迹也曰上神乘光與形滅亡乘光者乃
无光此謂照曠无我而任物空虛无所懷者非闇塞也致命盡情天地
樂而萬事銷亡情盡命至天地樂矣事不妨樂斯无事矣萬物復情此
之謂混冥情復而混冥无迹也門无鬼與赤張滿稽觀
於武王之師赤張滿稽曰不及有虞氏

髢大計反又吐帝反
燋將遙反

至德自治

乎。故離此患也。門无鬼曰：天下均治而有虞氏治之邪？其亂而後治之與？言二聖俱以亂故治之則揖讓之與用師直是時異耳未有勝負於其間也赤張滿稽曰：天下均治之爲願，而何計以有虞氏爲均治則願各足矣復何爲計有虞氏之德而推以爲君哉許无鬼之言是也有虞氏之藥瘍也。天下皆患創亂故求虞氏之藥禿而施髢，病而求醫，孝子操藥以脩慈父，其色燋然，聖人羞之。明治天下者非以爲榮至德之世不尚賢，賢當其位非尚之也不使能，能者自爲非使之也上如標枝，出物上而不自高也民如野鹿，放而自得也端正而不知以爲義，相愛而不知以爲仁，實而不知以爲忠，

標方小遙方反

忠孝不顯

當而不知以爲信[率性自然非由知也]蠢動而相使不
以爲賜[用其自動故動而不謝]是故行而无迹[主能任其自行故无迹也]
事而无傳[各止其分故不傳教於彼也]孝子不諛其親忠臣
不諂其君臣子之盛也親之所言而然
所行而善則世俗謂之不肖子君之所
言而然所行而善則世俗謂之不肖臣
而未知此其必然邪[此直違俗而從君親故俗謂不肖耳未知至當正在何許]世
俗之所謂然而然之所謂善而善之則
不謂之道諛之人也然則俗故嚴於親
而尊於君邪[言俗不爲尊嚴於君親而從俗俗不謂之諂明尊嚴不足以服物則服物者更在於從俗也是以聖人未]

張本有罪字

豈獨異於世必與時消息故在皇爲皇在王爲王豈有背俗而用我哉謂己導人則勃然作色謂己諛人則怫然作色世俗遂以多同爲王故謂之導諛則作色不受而終身導人也終身諛人也亦不問道理期於相善耳合譬飾辭聚衆也是終始本末不相坐夫合譬飾辭應受導諛之罪而世復以此得人以比聚衆亦爲從俗者恒不見罪坐也垂衣裳設采色動容貌以媚一世而不自謂導諛與夫人之爲徒通是非而不自謂衆人愚之至也世皆至愚乃更不可不從知其愚者非大愚也知其惑者非大惑也大惑者終身不解大愚者終身不靈夫聖人道同而帝王殊迹者誠世俗之惑不可解故隨而任之三人行而一

嗑　許甲反

缶當作垂

鍾當作踵

人惑所適者猶可致也惑者少也二人惑則勞而不至惑者勝也而今也以天下惑予雖有祈嚮不可得也不亦悲乎（天下都惑雖我有求嚮至道之情而終不可得故堯舜湯武隨時而已）大聲不入於里耳（非委巷之所尚也）折楊皇華則嗑然而笑（俗人得嘖曲則同聲動笑也）是故高言不止於衆人之心（不以存懷）至言不出俗言勝也（此天下所以未曾用聖而常自用也）以二缶鍾惑而所適不得矣（各自信據故不知所之）而今也以天下惑予雖有祈嚮其庸可得邪知其不可得也而強之又一惑也故莫若釋之而不推（即而同之）

厲 音賴

民不顯惡

趣舍失性

斷 徒亂反

㥪 子公反

噣 濁

不推誰其比憂（趣令得當時之適不強推之令解也則相與无憂於一世矣）厲之人夜半生其子遽取火而視之汲汲然唯恐其似己也（厲惡人也言天下皆不願爲惡及其爲惡或迫於苛役或迷而失性耳然迷者自思復而厲者自思善故我无爲而天下自化）百年之木破爲犧樽青黃而文之其斷在溝中比犧樽於溝中之斷則美惡有間矣其於失性一也跖與曾史行義有間矣然其失性均也且夫失性有五一曰五色亂目使目不明二曰五聲亂耳使耳不聰三曰五臭薰鼻困㥪中顙四曰五味噣口使口厲爽五曰趣舍

滑骨

繳灼 睆環版反

天道

滑心使性飛揚此五者皆生之害也而楊墨乃始離跂自以爲得非吾所謂得也夫得者困可以爲得乎則鳩鴞之在於籠也亦可以爲得矣且夫趣舍聲色以柴其內皮弁鷸冠搢笏紳脩以約其外內支盈於柴柵外重纆繳睆睆然在纆繳之中而自以爲得則是罪人交臂歷指而虎豹在於囊檻亦可以爲得矣

莊子外篇天道第十三　郭象注

天道運而无所積故萬物成帝道運而

張本有然字

鐃乃孝反

張本有也字

无所積故天下歸聖道運而无所積故海内服（此三者皆恣物之性而无所牽滯也）明於天通於聖六通四辟於帝王之德者其自爲也昧然无不靜者矣（任其自爲故雖六通四辟而无傷於靜也）聖人之靜也非曰靜也善故靜也（善之乃靜則有時而動也）萬物无足以鐃心者故靜也（斯乃自得也）水靜則明燭鬚眉平中準大匠取法焉水靜猶明而況精神聖人之心靜乎天地之鑒也萬物之鏡也（夫有其具而任其自爲故所照无不洞明）夫虛靜恬淡寂漠无爲者天地之平而道德之至（凡不平不至者生於有爲）故帝王

倫江南本作備

聖人休焉未嘗動也休則虛虛則實實者倫矣倫理也虛則靜靜則動動則得矣不失其所以動靜則无爲无爲也則任事者責矣夫无爲也則羣才萬品各任其事而自當其責矣故曰巍巍乎舜禹之有天下而不與焉此之謂也无爲則俞俞俞俞者憂患不能處年壽長矣俞俞然從容自得之貌夫虛靜恬淡寂漠无爲者萬物之本也尋其本皆在不爲中來明此以南鄉堯之爲君也明此以北面舜之爲臣也以此處上帝王天子之德也以此處下玄聖素王之道也此皆无爲之至也有其道爲天下所歸而无其爵者所謂素王自貴也以此退居而閒游江海山林之

有无利用

士服以此進爲而撫世則功大名顯而天下一也此又其次也故退則巢許之流進則伊望之倫也夫无爲之體大矣天下何所不爲哉故主上不爲冢宰之任則伊呂靜而司尹矣冢宰不爲百官之所執則百官靜而御事矣百官不爲萬民之所務則萬民靜而安其業矣萬民不易彼我之所能則天下之彼我靜而自得矣故自天子以下至于庶人下及昆蟲孰能有爲而成哉是故彌无爲而彌尊也靜而聖動而王時行則行時止則止无爲也而尊自然爲物所尊奉樸素而天下莫能與之爭美夫美配天者唯樸素也夫明白於天地之德者此之謂大本大宗與天和者也天地以无爲爲德故明其宗本則與天地无逆也所以均調天下與人和者也夫順天所以應人也故天和至而人和盡也與人和者謂之人樂與天和者謂之天樂天樂適則人樂足矣莊子曰吾師乎吾師

乎韲萬物而不爲戾（變而相雜故曰韲自韲耳非吾師之暴戾）澤及萬世而不爲仁（仁者兼愛之名耳无愛故无所稱仁）長於上古而不爲壽（壽者期之遠耳无期故无所稱壽）覆載天地刻彫衆形而不爲巧（巧者爲之妙耳皆自爾故无所稱巧）此之謂天樂（忘樂而樂足）故曰知天樂者其生也天行其死也物化靜而與陰同德動而與陽同波故知天樂者无天怨无人非无物累无鬼責故曰其動也天其靜也地（動靜雖殊无心一也）一心定而王天下其鬼不祟其魂不疲（常无心故王天下而不疲病）一心定而萬物服言以虛靜推於天地通

畜許六反

於萬物此之謂天樂我心常靜則萬物之心通矣通則服不通則叛天樂者聖人之心以畜天下也聖人之心所以畜天下者奚爲哉天樂而已

夫帝王之德以天地爲宗以道德爲主以无爲爲常无爲也則用天下而有餘有餘者閒暇之謂也有爲也則爲天下用而不足不足者汲汲然欲爲物用也欲爲物用故可得而臣也及其爲臣亦有餘也故古之人貴夫无爲也上无爲也下亦无爲也是下與上同德下與上同德則不臣下有爲也上亦有爲也是上與下同道上與下同道則不主夫工人无爲於刻木而有爲於用斧主上无爲於親事而有爲於用臣臣能親事主能用臣斧能刻木而工能用斧各當其能則天理自然非有爲

也若乃主代臣事則非主矣臣秉主用則非臣矣故各司其任則上下咸得而无爲之理至矣上必无爲而用天下下必有爲爲天下用此不易之道也无爲之言不可不察也夫用天下者亦有用之爲耳然自得此爲率性而動故謂之无爲也今之爲天下用者亦自得耳但居下者親事故雖舜禹爲臣猶稱有爲故對上下則君靜而臣動比古今則堯舜无爲而湯武有事然各用其性而天機玄發則古今上下无爲誰有爲也故古之王天下者知雖落天地不自慮也辯雖彫萬物不自悅也能雖窮海内不自爲也夫在上者患於不能无爲而代人臣之所司使咎繇不得行其明斷后稷不得施其播殖則羣才失其任而主上困於役矣故冕旒垂目而付之天下天下皆得其自爲斯乃无爲而无不爲者也故上下皆无爲矣但上之无爲則用下下之无爲則自用也天不産而萬物化地不長而萬物育所謂自爾帝王无爲而天下功功自彼成故曰莫神於天莫富於

本末相須

刑張本作形

地莫大於帝王故曰帝王之德配天地同乎天地之无爲也此乘天地馳萬物而用人羣之道也本在於上末在於下要在於主詳在於臣三軍五兵之運德之末也賞罰利害五刑之辟教之末也禮法度數刑名比詳治之末也鍾鼓之音羽旄之容樂之末也哭泣衰絰隆殺之服哀之末也此五末者須精神之運心術之動然後從之者也夫精神心術者五末之本也任自然運動則五事之末不振而自舉也末學者古人有之而非所以先也所以先者本也君先而

張本有矣字

臣從父先而子從兄先而弟從長先而少從男先而女從夫先而婦從夫尊卑先後天地之行也故聖人取象焉（言此先後雖是人事然皆在至理中來非聖人之所作也）天尊地卑神明之位也春夏先秋冬後四時之序也萬物化作萌區有狀盛衰之殺變化之流也夫天地至神而有尊卑先後之序而況人道乎（明夫尊卑先後之序固有物之所不能无也）宗廟尚親朝廷尚尊鄉黨尚齒行事尚賢大道之序也（言非但人倫所尚也）語道而非其序者非其道也語道而非其道者

安取道（所以取道爲有序也）是故古之明大道者先明天而道德次之（天者自然也自然既明則物得其道也）道德已明而仁義次之（物得其道而和理自適也）仁義已明而分守次之（理適而不失其分也）分守已明而形名次之（得分而物物之名各當其形也）形名已明而因任次之（无所復改）因任已明而原省次之（物各自任則罪責除也）原省已明而是非次之（各以得性爲是失性爲非）是非已明而賞罰次之（賞罰者失得之報也）（夫至治之道本在於天而末極於斯）賞罰已明而愚知處宜貴賤履位（官各當其才也）仁賢不肖襲情（各自行其所能之情）必分其能（无相易業）必由其名（名當其實故由名而實不濫也）以此事上以此

畜下以此治物以此脩身知謀不用必歸其天此之謂太平治之至也故書曰有形有名形名者古人有之而非所以先也古之語大道者五變而形名可舉九變而賞罰可言也（自先明天以下至形名而五至賞罰而九此自然先後之序也）驟而語形名不知其本也驟而語賞罰不知其始也倒道而言迕道而說者人之所治也安能治人（治人者必順序）驟而語形名賞罰此有知治之具非知治之道（治道先明天不爲棄賞罰也但當不失其先後之序耳）可用於天下不足以用天下此

膠 交卯反

則天地

之謂辯士一曲之人也夫用天下者必大通順序之道禮法數度刑名比詳古人有之此下之所以事上非上之所以畜下也寄此事於羣才斯乃畜下也昔者舜問於堯曰天王之用心何如堯曰吾不敖无告无告者所謂頑民也不廢窮民恒加恩也苦死者嘉孺子而哀婦人此吾所以用心已舜曰美則美矣而未大也堯曰然則何如舜曰天德而出寧與天合德則雖出而靜日月照而四時行若晝夜之有經雲行而雨施矣此皆不為而自然也堯曰膠膠擾擾乎自嫌有事子天之合也我人之

仁義迂闊

藏書如字徵藏才浪反

合也夫天地者古之所大也而黃帝堯舜之所共美也故古之王天下者奚為哉天地而已矣孔子西藏書於周室子路謀曰由聞周之徵藏史有老聃者免而歸居夫子欲藏書則試往因焉孔子曰善往見老聃而老聃不許於是繙十二經以說老聃中其說曰太謾願聞其要孔子曰要在仁義老聃曰請問仁義人之性邪孔子曰然君子不仁則不成不義則不生仁義眞人之性也又將奚

偈居謁反

爲矣老聃曰請問何謂仁義孔子曰中心物愷兼愛无私此仁義之情也此常人之所謂仁義者也故寄孔老以正之老聃曰意幾乎後言夫兼愛不亦迂乎夫至仁者无愛而直前也无私焉乃私也世所謂无私者釋己而愛人夫愛人者欲人之愛己此乃甚私非忘公而公也夫子若欲使天下无失其牧乎則天地固有常矣日月固有明矣星辰固有列矣禽獸固有羣矣樹木固有立矣皆已自足夫子亦放德而行循道而趨已至矣不待於兼愛也又何偈偈乎揭仁義若擊鼓而求亡子焉无由得之意夫子亂人之性也

智巧為竊

生謂粟帛熟謂飲食

（事至而愛當義而止斯忘仁義者也常念之則亂真矣）士成綺見老子而問曰吾聞夫子聖人也吾固不辭遠道而來願見百舍重趼而不敢息今吾觀子非聖人也鼠壤有餘蔬（言其不惜物也）而棄妹不仁也（无近恩故曰棄）生熟不盡於前（至足故恒有餘）而積斂无崖（萬物歸懷來者受之不小立界畔也）老子漠然不應（不以其言槩意）士成綺明日復見曰昔者吾有刺於子今吾心正卻矣何故也（自怪刺譏之心所以壞也）老子曰夫巧知神聖之人吾自以為脫焉（脫過去也）昔者子呼我牛也而謂之牛呼我馬也而謂之

頯去軌反
闞口覽反

馬（隨物所名）苟有其實人與之名而弗受（有實故不以毀譽經心也）再受其殃（一毀一譽若受之於心則名實俱累斯所以再受其殃也）吾服也恒服（服者容行之謂也不以毀譽自殃故能不變其容）吾非以服有服（有爲爲之則不能恒服）士成綺鴈行避影履行遂進而問脩身若何老子曰而容崖然（進趨不安之貌）而目衝然（衝出之貌）而顙頯然（高露發美之貌）而口闞然（虓豁之貌）而狀義然（踶跂自持之貌）似繫馬而止也（志在奔馳）動而持（不能自舒放也）發也機（趣舍速也）察而審（明是非也）知巧而覩於泰（泰者多於本性之謂也巧於見泰則拙於抱朴）凡以爲不信（凡此十事以爲不信性命而蕩夫毀譽皆非脩身之道也）邊境有人焉其名爲竊（亦如汝所行非正人也）老子曰

至德不遷

棅
柄

塵垢書語

夫道於大不終於小不遺故萬物備廣廣乎其无不容也淵乎其不可測也形德仁義神之末也非至人孰能定之夫至人有世不亦大乎而不足以爲之累（用世故不患其大也）天下奮棅而不與之偕（靜而順之）審乎无假而不與利遷（任眞而直往也）極物之眞能守其本故外天地遺萬物而神未嘗有所困也通乎道合乎德退仁義（進道德也）賓禮樂（以情性爲主也）至人之心有所定矣（定於无爲也）世之所貴道者書也書不過語語有貴也語之所

糟粕聖言

扁篇又符珍反

貴者意也意有所隨意之所隨者不可以言傳也而世因貴言傳書世雖貴之哉猶不足貴也為其貴非其貴也其貴恒在意言之表故視而可見者形與色也聽而可聞者名與聲也悲夫世人以形色名聲為足以得彼之情夫形色名聲果不足以得彼之情得彼情唯忘言遺書者耳則知者不言言者不知而世豈識之哉此絕學去尚之意也桓公讀書於堂上輪扁斲輪於堂下釋椎鑿而上問桓公曰敢問公之所讀者何言邪公曰聖人

之言也曰聖人在乎公曰已死矣曰然則君之所讀者古人之糟魄已夫桓公曰寡人讀書輪人安得議乎有說則可无說則死輪扁曰臣也以臣之事觀之斲輪徐則甘而不固疾則苦而不入不徐不疾得之於手而應於心口不能言有數存焉於其間臣不能以喻臣之子臣之子亦不能受之於臣是以行年七十而老斲輪此言物各有性教學之无益也古之人與其不可傳也死矣然則君之所讀者古人之糟

天運

調攝陰陽

施李作弛式氏反

有張作在

魄已矣當古之事已滅於古矣雖或傳之豈能使古在今哉古不在今今事已變故絕學任性與時變化而後至焉

莊子外篇天運第十四　郭象注

天其運乎不運而自行也地其處乎不處而自止也日月其爭於所乎不爭所而自代謝也孰主張是孰維綱是皆自爾孰居无事推而行是无則无所能推有則各自有事然則无事而推行是者誰乎哉各自行耳意者其有機緘而不得已邪意者其運轉而不能自止邪自爾故不可知也雲者爲雨乎雨者爲雲乎二者俱不能相爲各自爾也孰隆施是孰居无事淫樂而勸是風起北方一西一東有上彷徨孰噓吸是孰居无事而披拂是敢

柖 赤遙反

六極四方上下也

兼忘天下

問何故設問所以自爾之故巫咸柖曰來吾語汝天有六極五常夫物事之近或知其故然尋其原以至乎極則无故而自爾也自爾則无所稍問其故也但當順之帝王順之則治逆之則凶夫假學可變而天性不可逆也九洛之事治成德備監照下土天下戴之此謂上皇順其自爾故也

商大宰蕩問仁於莊子莊子曰虎狼仁也曰何謂也莊子曰父子相親何爲不仁曰請問至仁莊子曰至仁无親无親者非薄惡之謂也夫人之一體非有親也而首自在上足自處下府藏居內皮毛在外外內上下尊卑貴賤於其體中各任其極而未有親愛於其間也然至仁足矣故五親六族賢愚遠近不失分於天下者理自然也又奚取於有親哉大宰曰蕩聞之无親則不愛不愛則不孝謂至仁不

孝可乎莊子曰不然夫至仁尚矣孝固不足以言之必言之於忘仁忘孝之地然後至耳此非過孝之言也不及孝之言也凡名生於不及者故過仁孝之名而涉乎无名之境然後至焉夫南行者至於郢北面而不見冥山是何也則去之遠也冥山在乎北極而南行以觀之至仁在乎无親而仁愛以言之故郢雖見而愈遠冥山仁孝雖彰而愈非至理也故曰以敬孝易以愛孝難以愛孝易而忘親難忘親易使親忘我難使親忘我易兼忘天下難兼忘天下易使天下兼忘我難夫至仁者百節皆適則終日不自識也聖人在上非有爲也恣之使各自得而已耳自得其爲則衆務自適羣生自足天下安得不各自忘我哉各自忘矣主其安在乎斯所謂兼忘也夫德遺堯舜而不爲

并必領反

樂和入妙

也遺堯舜然後堯舜之德全耳若係之在心則非自得也利澤施於萬世天下莫知也泯然常適豈直太息而言仁孝乎哉失於江湖乃思濡沫夫孝悌仁義忠信貞廉此皆自勉以役其德者也不足多也故曰至貴國爵并焉并者除棄之謂也夫貴在於身身猶忘之況國爵乎斯貴之至也至富國財并焉至富者自足而已故除天下之財也至願名譽并焉所至願者適也得適而仁孝之名都去矣是以道不渝去華取實故也

北門成問於黃帝曰帝張咸池之樂於洞庭之野吾始聞之懼復聞之怠卒聞之而惑蕩蕩默默乃不自得不自得坐忘之謂也帝曰汝殆其然哉吾奏之以

人徵之以天行之以禮義建之以大清由此觀之知夫至樂者非音聲之謂也必先順乎天應乎人得於心而適於性然後發之以聲奏之以曲耳故咸池之樂必待黃帝之化而後成焉四時迭起萬物循生一盛一衰文武倫經一清一濁陰陽調和流光其聲自然律呂以滿天地之間但當順而不奪則至樂全蟄蟲始作吾驚之以雷霆因其自作而用其所以動其卒无尾其始无首運轉无極一死一生一僨一起所常无窮以變化為常則所常者无窮也而一不可待汝故懼也初聞无窮之變不能待之以一故懼然悚聽吾又奏之以陰陽之和燭之以日月之明所謂用天之道其聲能短能長能柔能剛變化齊一不主故常齊一於變

僨 方問反

化故不主故常在谷滿谷在阬滿阬至樂之道无不周也塗郤守神塞其兌也以物爲量大制不割其聲揮綽所謂闡諧其名高明名當其實則高明也是故鬼神守其幽不離其所日月星辰行其紀不失其度吾止之於有窮常在極上住也流之於无止隨變而往也子欲慮之而不能知也望之而不能見也逐之而不能及也故闇然恣使化云儻然立於四虛之道弘敞无偏之謂倚於槁梧而吟无所復爲也目知窮乎所欲見力屈乎所欲逐吾既不及已矣言物之知力各有所齊限形充空虛乃至委蛇汝委蛇故怠夫形充空虛无身也无身故能委蛇委蛇任性而悚懼之情怠也吾

又奏之以无怠之聲（意既怠矣乃復无怠此其至也）調之以自然之命（命之所有者非爲也皆自然耳）故若混逐叢生（混然无係隨叢而生）林樂而无形（至樂者適而已適在體中故无別形）布揮而不曳（自布耳）幽昏而无聲（所謂至樂）動於无方（夫動者豈有方而後動哉）居於窈冥（所謂寧極）或謂之死或謂之生或謂之實或謂之榮行流散徙不主常聲（隨物變也）世疑之稽於聖人（明聖人應非世唱也）聖也者達於情而遂於命也（故有情有命者莫不資焉）天機不張而五官皆備此之謂天樂（忘樂而樂足非張而後備）无言而心悅（心悅在適不在言也）故有焱氏爲之頌曰聽之不聞其聲視之

道不應時

不見其形充滿天地苞裹六極汝欲聽之而无接焉而故惑也（此乃无樂之樂樂之至也）樂也者始於懼懼故祟（懼然悚聽故是祟耳未大和也）吾又次之以怠怠故遁（迹稍滅也）卒之於惑惑故愚愚故道道可載而與之俱也（以无知爲愚愚乃至也）

孔子西遊於衛顔淵問師金曰以夫子之行爲奚如師金曰惜乎而夫子其窮哉顔淵曰何也師金曰夫芻狗之未陳也盛以篋衍巾以文繡尸祝齋戒以將之及其已陳也行者踐其首脊蘇者取而爨之而已

將復取而盛以篋衍巾以文繡遊居寢卧其下彼不得夢必且數眯焉（廢棄之物於時无用則更致他妖也）今而夫子亦取先王已陳芻狗取弟子遊居寢卧其下故伐樹於宋削迹於衛窮於商周是非其夢邪圍於陳蔡之閒七日不火食死生相與鄰是非其眯邪（此皆絕聖棄知之意耳无所稍嫌也夫先王典禮所以適時用也時過而不棄即爲民妖所以興矯效之端也）夫水行莫如用舟而陸行莫如用車以舟之可行於水也而求推之於陸則沒世不行尋常古今非水陸與周魯非舟車與今

蘄行周於魯，是猶推舟於陸也，勞而无功，身必有殃。彼未知夫无方之傳，應物而不窮者也。時移世異，禮亦宜變，故因物而无所係焉，斯不勞而有功也。且子獨不見夫桔槔者乎？引之則俯，舍之則仰。彼人之所引，非引人也，故俯仰而不得罪於人。故夫三皇五帝之禮義法度，不矜於同而矜於治。期於合時宜，應治體而已。故譬三皇五帝之禮義法度，其猶柤梨橘柚邪！其味相反而皆可於口。故禮義法度者，應時而變者也。彼以為美而此或以為惡，故當應時而變，然後皆適也。今取猨狙而衣

受道有器

慊苦牒反　矉扶真反

以周公之服彼必齕齧挽裂盡去而後慊觀古今之異猶猨狙之異乎周公也故西施病心而矉其里其里之醜人見而美之歸亦捧心而矉其里其里之富人見之堅閉門而不出貧人見之挈妻子而去之走彼知美矉而不知矉之所以美況夫禮義當其時而用之則西施也時過而不棄則醜人也惜乎而夫子其窮哉孔子行年五十有一而不聞道乃南之沛見老聃老聃曰子來乎吾聞子北方之賢者也子亦得道乎孔子曰未得

也老子曰子惡乎求之哉曰吾求之於度數五年而未得也老子曰子又惡乎求之哉曰吾求之於陰陽十有二年而未得此皆寄孔老以明絕學之義也老子曰然使道而可獻則人莫不獻之於其君使道而可進則人莫不進之於其親使道而可以告人則人莫不告其兄弟使道而可以與人則人莫不與其子孫然而不可者无他也中无主而不止心中无受道之質則雖聞道而過去也外无正而不行中无主則外物亦无正已者也故未嘗通也由中出者不受於外聖

張本有者字

人不出 由中出者聖人之道也外有能受之者乃出耳 由外入者无主於
中聖人不隱 由外入者假學以成性者也雖性可學成然要當内有其質若无主於中則无以藏聖道也 名
公器也 夫名者天下之所共用 不可多取 矯飾過實多取者也多取而天下亂也 仁
義先王之蘧廬也 猶傳舍也 止可以一宿而不
可久處覯而多責 夫仁義者人之性也人性有變古今不同也故遊寄而過去則冥若無滯而係於一
方則見見則僞生僞生而責多矣 古之至人假道於仁託宿於
義 隨時而變无常迹也 以遊逍遥之墟食於苟簡之田
立於不貸之圃逍遥无爲也 有爲則非仁義 苟簡
易養也 且從其簡故易養也 不貸无出也 不貸者不損已以爲物也 古者
謂是采眞之遊 遊而任之斯眞采也采眞則色不僞矣 以富爲是者

大惑易性

噆 子盍反

不能讓祿以顯爲是者不能讓名親權者不能與人柄天下未有以所非自累者而各没命於所是所是而以没其命者非立乎不貸之圃也操之則慄舍之則悲舍之悲者操之不能不慄也而一无所鑒以闚其所不休者是天之戮民也言其知進而不知止則性命喪矣所以爲戮怨恩取與諫教生殺八者正之器也唯循大變无所湮者爲能用之故曰正者正也其心以爲不然者天門弗開矣守故不變則失正矣孔子見老聃而語仁義老聃曰夫播糠眯目則天地四方易位矣蚊虻噆膚則通昔不寐矣外物加之雖小而傷性已大也夫仁

憯七感反

張本有傑字

求治則亂

義憯然乃憤吾心亂莫大焉尚之以加其性故亂吾子
使天下无失其朴質全而仁義著吾子亦放風而
動揔德而立矣風自動而依之德自立而秉之斯易持易行之道也又奚傑然
若負建鼓而求亡子者邪言夫揭仁義以趨道德之鄉其猶擊鼓而求逃者无
由得也夫鵠不日浴而白烏不日黔而黑自然各已
足黑白之朴不足以為辯俱自然耳无所偏尚名譽之
觀不足以為廣夫至足者忘名譽忘名譽乃廣耳泉涸魚相與
處於陸相呴以濕相濡以沫言仁義之譽皆生於不足不
若相忘於江湖斯乃忘仁而仁者也孔子見老聃歸三
日不談弟子問曰夫子見老聃亦將何

嚌 許胡反 江南本有舌舉而不能訒六字

規哉孔子曰吾乃今於是乎見龍龍合而成體散而成章謂老聃能變化乘乎雲氣而養乎陰陽言其因御无方自然已足予口張而不能嚌予又何規老聃哉子貢曰然則人固有尸居而龍見雷聲而淵默發動如天地者乎賜亦可得而觀乎遂以孔子聲見老聃老聃方將倨堂而應微曰予年運而往矣子將何以戒我乎子貢曰夫三王五帝之治天下不同其係聲名一也而先生獨以爲非聖人如何哉老聃曰小子

江南有也者二字

少進子何以謂不同對曰堯授舜舜授禹禹用力而湯用兵文王順紂而不敢逆武王逆紂而不肯順故曰不同老聃曰小子少進余語汝三皇五帝之治天下黃帝之治天下使民心一民有其親死不哭而民不非也（若非之則強哭）堯之治天下使民心親民有為其親殺其殺而民不非也（殺降也言親疏有降殺）舜之治天下使民心競民孕婦十月生子子生五月而能言（教之速也）不至乎孩而始誰（誰者别人之意也未孩已擇人言其競教速成也）則人始有

天矣不能同彼我則心競於親疏故不終其天年也禹之治天下使民心變人有心而兵有順此言兵有順則天下已有不順故也殺盜非殺盜自應死殺之順也故非殺人自爲種而天下耳不能大齊萬物而人人自别斯人自爲種也承百代之流而會乎當今之變其弊至於斯者非禹也故曰天下耳言聖知之迹非亂天下而天下必有斯亂是以天下大駭儒墨皆起此乃百代之弊其作始有倫而今乎婦女今之以女爲婦而上下悖逆者非作始之无理但至理之弊遂至於此何言哉弊生於理故无所復言余語汝三皇五帝之治天下名曰治之而亂莫甚焉必弊故也三皇之知上悖日月之明下睽山川之精中墮四時之施其知憯於蠣蠆之尾鮮規之獸莫得安

其性命之情者而猶自以爲聖人不可恥乎其无恥也子貢蹵蹵然立不安子貢本謂老子獨絶三王故欲同三王於五帝耳今又見老子通毀五帝上及三皇則失其所以爲談矣孔子謂老聃曰丘治詩書禮樂易春秋六經自以爲久矣孰知其故矣以奸者七十二君論先王之道而明周召之迹一君无所鉤用甚矣夫人之難說也道之難明邪老子曰幸矣子之不遇治世之君也夫六經先王之陳迹也豈其所以迹哉所以迹者眞性也夫任物之眞性者其迹則六經也今子之所言猶迹也夫迹履之所

以類相感不待交
而化非其類故不
能化先王之陳迹安
張本云感風
化下同
能化人

出而迹豈履哉況今之人事則以自然爲履六經爲迹夫白鶂之相
視眸子不運而風化蟲雄鳴於上風雌
應於下風而風化鶂以眸子相視蟲以鳴聲相應俱不待合而便生子故曰風化類自
爲雌雄故風化夫同類之雌雄各自有以相感相感之異不可勝極苟得其類其化不難故乃有遥感而
風化也性不可易命不可變時不可止道不
可壅故至人皆順而通之苟得於道无自而不可雖化者无方而
皆可也失焉者无自而可所在皆不可也孔子不出三
月復見曰丘得之矣烏鵲孺魚傅沫細
不專一故
要者化言物之自然各有性也有弟而兄啼言人之性舍長而視幼故啼也久
矣夫丘不與化爲人不與化爲人安能

化人夫與化爲人者任其自化者也若播六經以說則疏也老子曰可丘得之矣

南華眞經卷第五

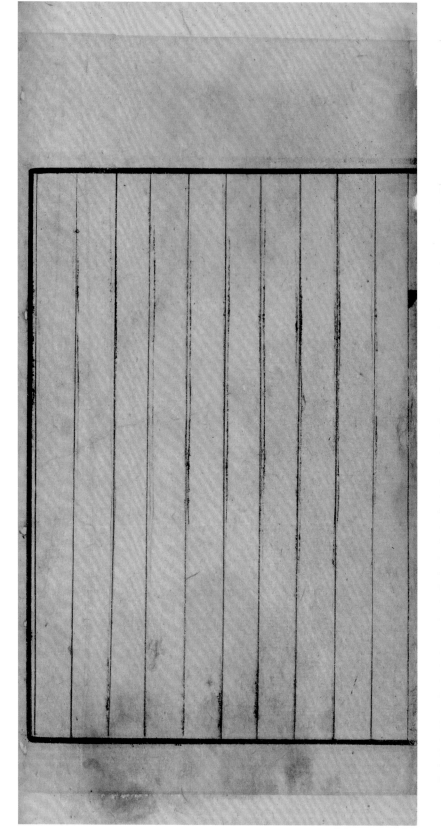